American Business Law Series

제1권 미국 연방 법원과 비지니스 파트너십

Vol. 1. U.S. Federal Courts & Partnership Law

American Business Law Series 제1권

미국 연방 법원과 비지니스 파트너십

초판발행 | 2014년 9월 10일

지은이 | 배성현

발행인 | 박찬우

편집인 | 우 현

펴낸곳 | 파랑새미디어

등록번호 | 제313-2006-000085호

서울특별시 마포구 서교동 357-1 서교프라자 318

전화 | 02-333-8311

팩스 | 02-333-8326

메일 | adam3838@naver.com

가격 : 20,000원

ISBN : 979-11-5721-005-3

ISBN : 979-11-5721-004-6 94360(set)

American Business Law Series

제1권

미국 연방 법원과 비지니스 파트너십

Vol. 1. U.S. Federal Courts & Partnership Law

미국 변호사 미국 공인회계사

배성현

서 문

미국 로스쿨의 강의는 미국에서 대학을 졸업한 학생을 대상으로 하기 때문에 법률에 대한 기본적인 사항은 어느 정도 알고 있다는 가정 하에 강의를 한다. 미국 로스쿨 1학년 때에는 기초 과목들도 신경 써야 하지만 법조인으로서 읽고 쓰는 법과 판례(Case)를 찾는 리서치에 많은 노력을 기울여야 한다. 그런데 본인의 경우에는 뉴욕에 있는 법원의 이름조차 생소하여 고생을 했던 기억이 난다. 한국에 와서 일을 하다 보면 미국 법의 기본 내용들을 소통하고 설명하면서 귀중한 시간을 많이 빼앗기게 되는 경우가 다반사였다. 그래서 일반인이 읽을만한 책 한 권이 없을까 하는 생각을 하던 차에 마침 기회가 있어 한양 대학교에서 미국 법에 대한 강의를 하게 되었다. 그간의 경험을 참고로 해서 실무에 도움이 되도록 기초적인 수준에서 강의를 하였는데 많은 학생들로부터 좋은 반응을 얻어 이렇게 강의 내용을 토대로 책을 출판하게 되었다.

한국에서는 법학전문대학원(로스쿨)이나 법학대학(학부)에 미국 형법(Criminal Law)이나 미국 상법 (Commercial Law) 등의 과목들이 개설되어 있는 경우도 있고, 일반 학부 교양 과목으로는 미국 법 입문(Introduction to American Law) 같은 강의가 개설되어 있다. 미국 법 입문 과정에서는 주로 영미법(Anglo-American Law)

과 우리 나라가 채용하고 있는 대륙법(Continental Law)에 대한 차이점과 배경, 역사부터 설명하기 마련이다. 이 책은 일반 학생들과 독자들을 위해 이론적인 주제는 되도록 배제하면서 가볍고 쉬운 내용부터 시작하였다.

본인이 대학에서 강의한 과목은 미국 계약법(American Contract Law)였다. 미국 계약법을 학생들에게 가르치려고 준비하려다 보니 학생들이 강의 시간에 얼마나 막막할까 하는 생각이 들었다. 그래서 계약법에 들어가기 전에 학생들에게 미국 연방 사법제도(Federal Court System)에 대해 간략히 소개 하였다 막상 미국 사법 제도를 개관하려다 보니 본인 스스로도 무척 고통스러운 준비과정을 거쳐야 했다. 제1장의 미국 사법 제도 소개는 주로 본인의 강의 노트를 위주로 정리하였고 또 직접 미국 헌법을 인용하면서 그 의미를 따라가려 하였다. 그러나 미국 연방 헌법을 전체적으로 살펴보는 것은 아니고 단지 뒷장에 나올 비지니스 관련 법들을 쉽게 이해하기 위한 단계로서 미국 연방 사법제도의 필요한 내용만 추려 보았다.

회사법(Corporation Law)과 비지니스 파트너십 법(Partnership Law)은 다행히 미국의 대다수 주에서 채택하고 있는 관련 통일법이 존재한다. 그래서 법전의 주요 항목에 대한 해설을 위주로 하였다. 계약법은 관습과 판례에서 유래되었기에 되도록 많은 주요 판례를 인용해야 하는 것이 정상이다. 그런데 방대한 계약법 판례 인용과 해설을 하려면 너무 분량이 많아질 것 같아서 미국 로스쿨에서 일반적으로 배우는 주제를 따라가면서 해설하였다. 반면 상품매매는 미국 통일상법전(Uniform Commercial Code)의 제2장을 인용 해설하는 데 중점을 두었다.

본인은 미국에서 로스쿨을 다니면서 미국 공인회계사(AICPA) 시험도 동시에 준비하였다. 회계사 시험을 준비하기 위해 비지니스 스쿨의 회계 과목들을 추가로 신청해서 들었고, 한편으로는 부족한 로스쿨 학점을 채우기 위해 방학 때마다 계절 학기를 들어야 했다. 다행히 회계사 시험과 변호사 시험을 6개월 안에 모두 끝낼 수 있었지만, 상급 회계(Advanced Accounting)나 연방 소득세법(Federal Income Tax) 세미나에서는 아는 학생들이 없어 그룹 프로젝트도 혼자 다 해내야 했다. 그때 고생을 해서 지금도 상법이나 세법에 대해서는 더욱 애착이 크다.

제1권은 연방 법원에 대한 소개와 비지니스 파트너십에 대해 정리해 보았다. 파트너십은 기본적으로 파트너들 간의 인적 관계를 기본으로 하며, 미국 각 주는 파트너십에 관한 별도의 법률을 가지고 있다. 우리 나라의 합명 회사가 미국의 일반 파트너십과 가장 유사하지만 아직도 그 명칭에 대한 혼동이 있는 만큼 그냥 비지니스 파트너십 법이라고 부르기로 하였다. 파트너십은 일반 주식회사처럼 소유와 경영이 분리된 형태가 아니라 파트너 간의 개인 책임에 바탕을 둔 조직 형태이므로, 회사법에 들어 가기 이전에 먼저 봐 두는 것이 괜찮을 것 같다는 생각이 들었다. 앞으로 비지니스와 관련된 통일상법전과 연방 파산법 등 다른 비지니스 분야에 대해서도 정리하여 계속적으로 책을 출간할 계획이다.

이 책을 출간하도록 여러 가지 격려를 아끼지 않은 가족에게 감사 인사를 전하고 싶다. 나의 아버지는 긴 유학 생활 동안 어느 한 가지도 부족하지 않게 불심양면으로 지원해 주셨다. 나의 할머니는 얼마 전 돌아가실 때까지도 하나밖에 없는 손자 걱정만 하셨다. 그리고 나의 아내는 유학 생활도 모자라 아직까지도 이런 저런 일에 정신이 팔려 있는 나를 묵묵히 지원해 주고 있다. 나의 아이들, 준원, 현서, 준민에게는 바쁘다는 핑계로 많이 아껴 주지 못해 항상 미안하다. 또, 친 자식처럼 나를 아껴 주시는 박경삼 교수님, 큰고모님, 장인 어른, 그리고 항상 쓸모 있는 책을 한 권 써보라고 격려해 준 나의 친구 김재학에게도 감사의 인사를 드리고 싶다.

부족한 나를 항상 격려해 주시는 한양대학교 김종량 이사장님과 강의의 기회를 준 한양대학교의 여러분들께 감사를 드린다. 그리고 본인의 부족한 강의를 들으면서 함께 고민해 준 한양대학교 법학과 학생들에게도 진심으로 미안하고 또 감사하다는 말을 전하고 싶다.

2014년 7월

목 차

제1장 미국의 사법 제도와 민사 소송의 기초

제2장 비지니스 파트너십(Partnership Law)

제1장

미국의 사법 제도와 민사 소송의 기초

1. 미국의 로스쿨(Law School), 변호사 시험(Bar Exam) 그리고 비지니스 관련 법

비지니스 관련 법(Business Related Law)은 통상 활동(Commercial Activities)과 연관된 모든 법률들로서 포괄적인 의미이며 범위가 넓다. 미국 로스쿨에서 흔히 상법(Commercial Law)은 주로 어음과 관련된 어음법(Commercial Paper)만을 지칭하는 경우가 많다. 미국 뉴욕주 변호사 시험에서도 Commercial Paper는 시험 과목에 포함되지만 Commercial Law라는 과목은 시험에 없다. 그래서 여기서는 혼동을 피해서 비지니스 관련 법으로 소개하고자 한다.

[1] 미국의 변호사 시험(Bar Exam)

미국 변호사 시험은 미국 모든 주에 공통되는 객관식 시험(Multi State Bar Exam)과 각 주 별로 문제 기출에 대한 재량권이 주어지는 주(State) 별 시험(State Section)으로 이루어진다. 헌법(Constitution Law), 재산권(Property Law), 형법(Criminal Law), 증거법(Evidence Law), 불법행위(Torts), 그리고 계약법(Contract Law)이 MBE의 기본 과목이며 이 중 계약법만이 비지니스 관련

법 중 공통 시험 영역에 들어 가는 분야라고 할 수 있다. 미국 로스쿨에서 비지니스 관련 법 과목 중에서 계약법(Contract Law)만이 필수 과목이고 나머지는 2-3학년 동안에 선택하여 듣게 된다.

각 주 별 시험은 시험 구성이라든가 범위가 주마다 틀리다. 예를 들어 뉴욕 주의 경우는 가족법(Family Law)이나 상속법(Wills) 외에도 비지니스 관련된 법들을 포함한 약 20개 정도의 법률 분야가 주 별 시험 범위에 포함된다. 그러나 뉴저지 주의 경우는 MBE 과목 외에 특별히 다른 법률 분야를 주 별 시험 범위에 포함시키지 않고 있다. 참고로 미국 뉴욕 주 변호사 시험의 구성은 다음과 같다.

*** 전국 공통 객관식 시험**(MBE)

Format: 200 Mulitple Choices

1. Constitutional Law 헌법
2. Criminal Law (Plus Criminal Procedures) 형법
3. Evidence 증거법
4. Contract Law 계약법
5. Property Law 재산법 (부동산 관련 법)
6. Torts 불법 행위

*** 뉴욕 주**(New York State) **Section**

Format: 50 Multiple Choices+5 Essays

6 MBE Areas Plus;

(Civil Procedures) Federal Jurisdiction, Conflict of Law, Civil Practice

(Business Laws) Corporation Law, Commercial Paper, Mortgages, Trust, Insurance(No Fault),

Worker's Compensation, Secured Transaction

(Domestic Law & etc.) Family Law, Wills, Professional Liabilities

참고로 뉴저지 주의 시험은 MBE 여섯 과목에 대한 7개의 논술(Essay) 시험으로 이루어진다.

[2] 미국 비지니스 관련 법(Business Related Laws)

한국에서는 오히려 미국 공인회계사(AICPA) 준비를 하는 수험생들이 미국 비지니스 관련 법을 배우게 되는 경우가 많다. 또한 미국 비지니스 스쿨(MBA)에 진학한 경우도 경영과 경제 관련 법 강의들을 듣게 된다. 강의 방식의 차이점을 보자면, 로스쿨의 연방 소득세법(Federal Income Tax) 과목의 경우는 주로 연방 조세법전(Internal Revenue Code)과 관련된 판례(Case)를 공부하게 되지만, 비지니스 스쿨의 수업은 회계학의 소득세 계산이 주가 된다. 또한 상급 세미나 과목에서는 연방 조세법전의 조항들을 찾아 적용하는 법을 배우게 된다.

미국 회계사 시험은 네 과목으로 되어 있는데 회계(Financial), 회계 감사(Auditing), 경영학(Business), 그리고 비지니스 법(Regulation)으로 이루어져 있다. 이 중에서 비지니스 법 파트에 비지니스와 관련된 통일상법전의 거의 모든 분야가 포함된다. 어떤 분야의 비지니스 관련 법을 알아야 하는가는 업무 영역에 따라 다를 것이다. 예를 들어 미국 기업과 상품 매매 계약을 하려면 보통법 상의 계약법과 미국 통일상법전(Uniform Commercial Code)을 알아 놓아야 할 것이다. 미국에 가서 회사를 설립하거나 다른 회사를 인수 합병하려면 기업법(Corporation Law)이나 증권거래법(Securities Regulation), 반독과점법(Anti-Trust Law)까지 알아 둘 필요가 있을 것이다. 크게 보아 미국에서 비지니스와 관련되어 있는 분야는 다음과 같다.

*** Business Laws in US**

기존의 판례와 관습에서 파생된 계약법(Contract Law)

미국 통합상법전의 상품 매매법(Sales)

기업의 설립과 운영과 관련된 기업법(Corporation Law)

기업법 및 파트너십과 연관해서 생각해 보아야 할 대리인 이론(Agency)

주로 무담보 약속 어음을 다루는 어음법(Commercial Paper)

담보권과 관련된 담보 거래법(Secured Transaction)

증권 거래를 다루는 연방 증권법(Federal Securities Law)

반독과점법(Antitrust Law)

개인 및 기업의 파산과 회생과 관련된 연방 파산법(Bankruptcy Law)

부동산 매매 거래와 임대를 다루는 재산법(Property Law)

신탁 관련 법(Trust)

주택담보대출 모기지법(Mortgage)

근로자 보상법(Worker's Compensation)

보험법(Insurance)

2. 미국 사법 제도의 소개

사건에 따라 연방법이 배타적으로 적용되는 경우가 있는가 하면, 연방 법원의 사건이라도 해당 주의 법률을 적용해야 하는 경우가 있다. 어떤 경우에 연방법이 적용이 되는가, 그리고 연방법과 주법의 관계는 무엇인가 하는 기본적인 문제들은 미국 연방 헌법과 미국 사법 시스템 전반적에 대한 이해가 필요한 사안이다. 여기서는 이러한 기본적인 사항부터 소개하려고 한다.

미국 건국 과정이나 역사에 대한 것은 여기서 다룰 내용이 아니고 쉬운 내용도 아니다. 간단하게 말해서 미국이라는 국명을 보면 미국은 "The United States of America", 즉 미합중국으로 주들의 연합이라는 의미를 가진다. 더 쉽게 말하자면 미국이라는 나라가 생기고 나서 행정적 편의를 위해 선을 그어 주들을 만든 게 아니라, 영국 식민지 시대에 이미 존재하던 13개의 주(State)들이 독립해서 미국이라는 나라를 만든 것이다.

외교나 전쟁 등에 공동으로 대처하기 위한 필요에 의해 연방 정부(Federal Government)를 구성하였지만, 동시에 영국의 전제 정치로부터 전쟁을 통해 독립한 건국 취지에 따라 과도한 연방 정부의 권한을 제한하기 위해 연방 정부와 주 정부(State Government)

의 권한에 대해서 여러 가지 조정(Arrangement)이 이루어 졌다. 주 정부의 권한과 연방 정부의 권한에 대한 문제는 미국 건국 이래 최우선적인 정치적 이슈였고 앞으로도 그럴 것이다.

[1] **미국의 건국과 연방주의 이론**(the Principles of Federalism)

미국 연방 헌법(the US Constitution)에는 연방 정부 내의 권력 분립에 대한 조정과 주 정부와 연방 정부 간의 관계에 대한 조율이 모두 포함되어 있다.

그 첫 번째는 사항은 삼권 분립(Separating Power)으로, 시민의 권리(Civil Rights)를 더욱 효율적으로 보호하기 위해 견제와 균형(Check and Balances)의 원리에 따라 연방 정부 내에 독립된 입법, 행정, 사법 기관을 설립한 것이다. 미국 연방 헌법은 다음 각 항에 따라 연방 정부 내의 입법부(the Legislative Branch) (미국 헌법 제1조), 행정부(the Executive Branch) (미국 헌법 제 2조), 그리고 사법부(the Judicial Branch) (미국 헌법 제4조)의 설립과 역할을 부여하고 있다. 다음으로 미국 연방 헌법의 제4조 4항을 보면,

> "The United States shall guarantee to every State in this Union a Republican Form of Government, and...on application of the Legislature, or of the Executive..." (Article 4, Section 4)

미합중국은 모든 주(States)에 삼권 분립의 기본 명제 하에 입법부와 행정부를 가지는 독자적인 정부를 구성하도록 보장한다는 문구가 있다. 또 다음의 수정 헌법 10조에서는,

"The powers not delegated to the United States by the Constitution, nor prohibited by it to the States, are reserved to the States respectively, or to the people." (the 10th Amendment)

미국 연방 헌법에 의해 연방 정부에 부여된 권한(Power)이 아닌 권한은 주 정부가 보유한다는 조항이 있다. 각 주 정부는 개별적인 정부를 가지며 연방 정부가 행사하는 권한 외에는 정부로서의 권한을 행사할 수 있다.

또한, 각 주는 독자적인 입법 기관에 의해 법률을 제정할 권한과 집행할 권한(the Law Making Process and the Police Power)을 가지고 있다. 이에 따라 연방 정부가 주 정부에 대해 어떤 특정한 법률을 제정하도록 강제할 수 없으므로, 각 주 정부는 연방 정부가 제정한 법률을 꼭 채택할 필요가 없다. 또한 주의 최고 상급 법원(Supreme Court of the State)은 해당 주 헌법(State Constitution)과 주 법률 해석에 대한 최고의 권위를 가진다.

현재 미국의 모든 주는 연방 정부와 동일한 삼권 분립 형태의 정부를 구성하고 있다. 또한 각 주는 미국 헌법의 기본 이념을

구현한 주 헌법을 가지고 있다. 한편 연방 정부의 권한은 역사적으로 국가 안보(the National Interest and Securities)와 연방 통상(the Interstate Commerce) 등에 행사되는 것으로 확립되어 오고 있다.

이처럼 연방 정부와 주 정부는 각자의 법률을 제정하고 해석하는 권한을 가지기 때문에, 미국 변호사들은 사건을 승소하기 위해서는 올바른 법원을 선택할 수 있도록 사법권 관할 문제에 대한 지식과 이해가 필수적이다.

[2] 우선 법적 자원(the Primary Legal Resources)

미국 연방법의 가장 최상위에는 물론 미국 헌법이 위치한다. 다음으로는 법령(Statute)이 있는데 이는 미국 연방 의회가 정당한 절차에 따라 발의하고 제정한 공식 법령으로, 미국 연방 의회는 매 6년마다 미합중국 법령집 USC(the United States Codes)을 발간하고 있다.

법령의 바로 다음은 미국 연방 정부 부처에서 제정한 행정 법규(Regulation)가 있고 이를 모아 놓은 것이 연방 법규집(the Code of Federal Regulations)이다. 이는 연방 의회가 제정한 법령을 해석하고 집행하기 위한 실질적인 규정들이라 할 수 있다.

행정 법규 아래에는 행정 명령(the Executive Orders and Proclamation)이 있다. 이는 미국 대통령이 연방 의회가 제정한 법령을 수행하기 위해 행정부처의 공무원들에게 내리는 지침서로서 때로는 대 국민 포고의 형태를 가지기도 한다. 이러한 법들은 연방 정부의 공식적인 활동에 의해 제정된 법적 자원들로서 앞에서 언급한 위계를 명확히 따른다.

한편 미국 사법 시스템은 판례법(Case Law)을 근간으로 하고 있다. 흔히 독일 등 유럽 대륙 국가들이 채용한 성문법(Civil Law)을 대륙법(Continental Law)이라고 하는데, 이는 법령에 기초한 판결의 최우선으로 하는 법 체계이다. 반면 미국은 영국의 보통법(Common Law) 또는 관습법(Common Law) 체계를 따르고 있는데, 이는 오랜 세월을 통한 관습들이 재판 결과를 통해 법으로 받아들여지게 되는 시스템으로 판례법과 같은 의미로 쓰이고 있다.

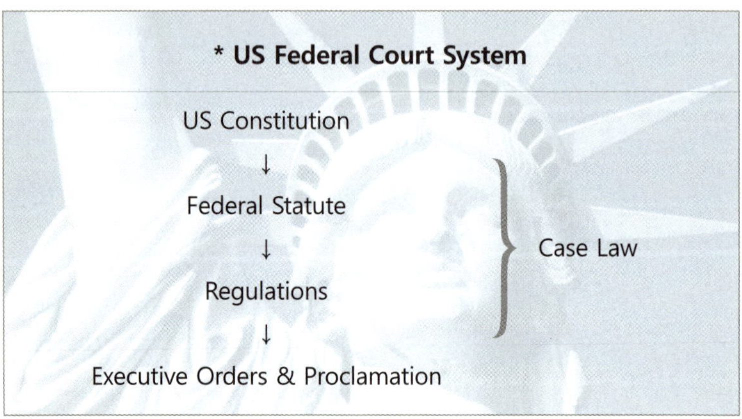

미국의 헌법은 매우 간략하며 또한 미국 연방 정부의 법령도 특정한 상황에 맞는 조항이 없을 경우가 있다. 미국 연방 법원은 오랜 세월 동안 축적된 판례를 통해 그 간극을 메우면서 정교한 법적 해석을 다듬어 왔다. 따라서 미국 판례법의 장점은 단순 명료한 미국 헌법을 새로운 사회적 합의를 반영하여 해석, 적용하기에 수월하다는 점에 있다.

*** 판례 구속의 원칙**(Stare Decisis)

'과거의 판결을 지지하고 이미 확립된 법리적 해석을 뒤집지 않는다'는 의미이다. 판사는 예전의 판결을 통해 확립된 법적 원칙을 현재의 유사한 사실과 쟁점을 가진 사건에 적용한다. 판례법은 다른 말로 법관 제정 법(the judge made Law)이라고도 하는데, 판사가 내린 이전의 판결을 따르기 때문에 붙여진 말이다.

[3] 기타 법적 자원(the Secondary Legal Resources)

앞에서 언급한 공식적인 우선 법적 자원 외에 법적 구속력은 없으나 판사나 변호사의 이해와 해석을 돕는 법적 자원들이 여러 가지 있다. 특히 미국에서는 오래 전부터 모든 주에 공통되는 통일법을 만들기 위한 노력이 다양하게 시도되고 있다. Model

Law와 Uniform Law 시리즈는 실제로 다수의 주 정부들이 채택하고 있는 법적 자원들로서, 실제 소송 사건 준비에도 큰 역할을 한다.

*** Restatement**

1923년 미국의 법조계 인사들이 모여 미국 내 다양한 주 법령을 취합하여 법적 해석과 적용을 쉽게 하기 위한 목적으로 ALI(the American Law Institute)를 설립하였다. Restatement는 서로 다른 주 법에 대한 종합적 이해를 위한 것으로, 전통적인 법 이론과 판례들, 각주 및 적용과 의견들을 덧붙인 일종의 판례 모음집으로 ALI는 설립 이래 the Restatement of Law 시리즈를 계속 편집, 발간하고 있다.

*** Model Law**

또한 ALI는 서로 다른 각 주의 법을 통합하여 모든 주가 동일한 법령을 입법화하도록 노력을 지속하고 있다. Model Law는 ALI가 제안하는 특정 법률 분야에 대한 주요 법 개념과 요소들을 포함한 시범(Model) 법안이다. 강제성이 없으므로 모든 주가 ALI가 제안한 바와 동일한 법령을 채택하지는 않지만, 뉴욕 주의 경우 ALI가 제안한 Model Penal Codes를 뉴욕 주 형법에 채용하고 있다.

*** Uniform Law**

한편 모든 주에 공통적인 법령을 입법화하기 위한 노력으로 각 주의 대표자들이 참가한 NCCUSL(the National Conference of Commissions on Uniform State Laws)이 1892년 설립되었고, 현

재까지 ALI와 긴밀한 협력을 통해 가시적인 성과를 보이고 있다. NCCUSL은 거의 모든 법 분야에 대해 Uniform Law를 제공하고 있는데 이 중 통일상법전(the Uniform Commercial Code)은 미국의 대다수의 주에서 채택하고 있다. 비록 주 정부들이 참여하고 있는 통일 법 활동이지만 Uniform Law 역시 법적 구속력은 없으며 채택 여부는 각 주의 입법부의 결정에 달려 있다.

[4] 미국 연방 헌법에 의한 연방 법원의 설립

앞에서 언급한 바와 같이 미국 연방 정부는 삼권 분립의 원칙에 따라 미국 연방 헌법에 의해 설립된 것이다. 미국 연방 헌법은 7개의 조항(Article)과 27개의 수정 헌법 조항(Amendment)으로 이루어진 4,400 단어의 간소한 법령이다. 미국 연방 헌법 중 제1조부터 제4조까지는 삼권 분립 원칙에 의한 미국 연방 정부, 연방 사법부, 연방 의회의 설립과 기능에 관한 것이다. 또한 수정 헌법 1조부터 10조는 권리장전(Bill of Rights)이라고 하는데 시민의 권리와 자유를 보호하기 위한 기본 이념을 담고 있다.

미국 연방 헌법 중 제3조는 연방 사법권(Federal Judicial Power) 및 연방 대법원(Supreme Court)과 하위의 연방 법원(Inferior Courts)의 설립에 대한 사항일 뿐이고, 각 주 법원의 설립과 운영과 관련된 사항은 아니다. 앞에서 설명한 바와 같이 각 주 정부는 독자적인 정부를 구성하고 법률을 제정할 수 있다. 이에 따라 각 주는 독자적인 주 헌법과 하위 법령을 가지며 이를 심리할 수 있는 사법 시스템을 가지고 있다. 따라서 미국에는 한 개의 연방 헌법과 50개의 주 헌법, 그리고 한 개의 연방 법원 시스템과 50개의 주 법원 시스템이 공존하고 있는 것이다.

미국 연방 헌법은 1789년 처음 제정되었고 권리장전은 1791년에, 그리고 나머지 수정 헌법 조항들은 1795년부터 1992년 사이에 추가되었다. 미국 헌법의 수정은 매우 어려운 과정을 거쳐야 한다. 연방 상원과 하원의 각 3분의 2의 찬성과 3분의 2 이상의 주 정부에 의한 비준이 필요하기 때문이다. 이처럼 미국 헌법의 수정이 드문 일이 된 것은 미국의 독특한 사법 체계에서 기인한다. 미국의 판례법(Case Law) 시스템은 시대 상을 반영한 적절한 법의 해석을 내놓고 있기 때문에, 미국 연방 헌법은 굳이 형식적인 수정 과정을 거치지 않아도 판례법의 도움으로 그 기능을 훌륭히 수행하고 있기 때문이다.

미국 연방 헌법의 연방 법원 관련 조항 중 제3조 제1항은 미국 사법부의 독립성을 부여하기 위한 두 가지 원칙을 제공하고 있다. 그 첫 번째 원칙은 바로 종신 임용제(Life-time Tenure)이다. 연방 판사(Federal Judge)는 귀책 사유가 없는 한 종신 동안 연방 판사의 직위를 유지할 수 있다.

"The Judges, both of the supreme and inferior Courts, shall hold their Offices during good behavior,..." (Article 3, Section 1)

또 한 가지는 보수의 보장(Salary Protection)으로 연방 의회는 임용된 연방 판사의 보수를 그 임기 동안 삭감할 수 없다.

"...and shall, at stated Times, receive for their Services, a Compensation, which shall not be diminished during their Continuance in Office." (Article 3, Section 1)

이처럼 연방 헌법은 연방 판사에게 임기와 보수에 대한 혜택을 제공함으로써 입법부와 행정부가 이를 무기로 하여 연방 법원에 부당한 영향력을 행사할 수 없도록 한 것이다.

* **연방 대법원**(the United States Supreme Court)

미국 헌법 제2조 2항에 의거하여 연방 판사들은 미국 대통령에 의해 제청되고 연방 상원의 동의(Advice and Consent of the US Senate)에 의해 임명된다.

"... and he (the President) shall nominate, and by and with the Advice and Consent of the Senate, shall appoint...Judges of the supreme Court, and other Officers of the United State,..."(Article 2, Section 2, Paragraph 2)

연방 대법원은 한 명의 연방 대법원장(the Chief Justice)와 8명의 연방 대법관(the Associate Justices)로 이루어진다. 따라서 연방 대법원 사건에는 9명의 대법관들이 배심에 참가한다. 특히 연방 대법관은 유일하게 Judge라 안 하고 Justice라고 한다.

연방 대법원은 심리하고자 하는 사건을 스스로 선택할 수 있다. 이를 선택적 심리(Discretionary Review)라고 한다. 원래는 연방 대법원도 다른 하위 법원들처럼 하급 법원에서 상소된 사건을 의무적으로 심리해야 할 의무가 있었으나(Mandatory Review), 과도한 업무 부담과 사건 적체 때문에 연방 의회는 1988년 Supreme Court Case Selection Act를 제정하여 연방 대법원을 선택적인 심리로 전환하였다. 연방 대법원은 제출된 상소건들 중 4명 이상의 연방 대법관들이 심리하기로 선택한 경우에만 하급 법원에 사건 이송 명령(Writ of Certiorari)을 내려 사건을 심리하게 된다.

* **연방 항소법원**(the United States Courts of Appeals)**과**
연방 지방법원(the United States District Courts)

연방 항소법원은 3명의 판사가 배심에 참가하며, 연방 지방법원은 예외의 경우가 아니면 한 명의 판사가 배심을 하게 된다. 미합중국 법령집 the United States Codes 제28조 1291에 의하면 연방 항소법원은 연방 지방법원에서 내린 판결에 대해 상소

했을 경우 이를 심리해야 할 의무가 있다.

미국 연방 헌법 제3조 2항에 따르면 연방 법원은 민사 소송(Civil Case)과 형사 소송(Criminal Case)에 대한 판결을 내릴 수 있으며, 구제 수단 역시 금전적 구제 수단(Monetary Relief)일 수도 있고 형평법(Equity Law)에 근거한 수단일 수도 있다. 그러나 연방 법원은 사물 관할권에 대한 제한이 있고 그 내용은 연방 법원의 사물 관할권 (Subject Matter Jurisdiction) 부분에서 설명하기로 한다.

[5] 미국 연방 법원의 구조(Federal Judicial System)

미국 연방 법원은 지방법원, 항소법원, 대법원의 3심제(3-tiered System)를 도입하고 있으며, 하나의 연방 대법원과 12개의 연방 항소법원, 그리고 94개의 연방 지방법원이 설립되어 있다.

> "The Judicial Power of the United States, shall be vested in one supreme Court, and in such inferior Courts as the Congress may from time to time ordain and establish." (Article 3, Section 1)

미국 연방 헌법 제3조 제1항은 1개의 연방 대법원을 설립하도록 하였고, 그 하위 법원들(inferior Courts)은 미국 연방 의회가 필요에 의해 설립할 수 있도록 권한을 부여하고 있다. 이에 따라 미국 연방 의회는 연방 항소법원과 연방 지방법원들을 설립하였다.

미국 연방 헌법에 따라 미국 연방 의회는 미국 전역을 94개의 연방 지방법원 구역(Judicial District)으로 나누고 각 사법 구역 당 하나의 연방 지방법원을 설립하였다. 각 사법 구역은 지리적 크기와 인구 규모에 따라 연방 의회가 정한 구분인데, 주 경계의 행정 구역과 일치하지 않는 경우도 있다. 예를 들어 규모가 큰 뉴욕 주의 경우에는 4개(동부, 서부, 남부, 북부)의 연방 지방법원이 위치한다. 그러나 하나의 주에는 최소한 한 개 이상의 연방 지방법원이 위치하도록 배려하였다.

또한 연방 의회는 94개의 사법 구역을 몇 개씩 관할하는 12개의 연방 순회 항소법원 구역(Regional Circuit)을 만들어 이 구역에 각 하나씩의 연방 항소법원을 설립하였다. 예를 들어 제2 연방 항소법원은(the United States Court of Appeals for the 2nd Circuit)은 여섯 개의 연방 지방법원의 상위 법원으로서 코네티컷 주(Connecticut) 연방 지방법원, 버몬트 주(Vermont) 연방 지방법원, 그리고 뉴욕 주의 4개 연방 지방법원을 관할하고 있다.

그런데 미국 연방 헌법 제1조 8항 9절은 미국 연방 의회가 연방 대법원 하위의 재판소(Tribunal)들을 설립할 수 있도록 하였다.

" To constitute Tribunals inferior to the supreme Court"(Article 1, Section 8, Paragraph 9)

재판소(Tribunal)는 법원(Court)보다는 넓은 범위의 의미를 가지는데, 어떤 사안에 대한 판결을 내릴 수 있는 권한을 가진 모든 기관을 가리킨다. 미국 연방 헌법 제3조에 의해 연방 대법원과 그 하위 법원들은 완전한 사법권(Judicial Power)을 부여받았다. 따라서 연방 헌법 제3조에 의거하지 않고 설립된 재판소들은 불완전한 그리고 제한적인 사법권(Imperfect and limited Jurisdiction)만을 가진 경우라고 볼 수 있겠다.

연방 헌법 제1조에 따라 연방 의회에 의해 설립된 재판소들은 연방 의회가 지정한 특정한 사건에 대해서만 심리할 수 있는 권한을 가진다. 또한, 별도의 독립 법원(Court)으로 설립되기도 하고 아니면 연방 정부 내 기관으로 설립되기도 한다. 연방 헌법 제1조 근거한 법원들도 법원(Court)라는 명칭을 쓰기 때문에, 다만 설립 시 연방 의회가 어떤 의도로 설립했느냐는 점이 중요하다. 여기서는 편의상 Article 1 type Courts와 Article 3 type Courts로 부르기도 한다.

뒤에서 살펴보겠지만 연방 법원은 연방 정부가 정한 사건 유형에 따른 사물 관할권(Subject Matter Jurisdiction)에 의해 심리 권한(Power to Review)이 제한되고 있다. 또한 연방 헌법 제3조에 의거한 연방 법원 중 연방 대법원은 모든 하위의 연방 법원이 내린 판결을 심리할 수 있으며 최종적인 판결을 내릴 수 있는 권한이 있지만, 연방 항소법원과 연방 지방법원은 연방 정부가 설립한 여러 종류의 다른 연방 법원들에게 사물 관할권을 양도하고 있는 형식을 취하고 있다.

또 다른 차이점은 연방 법원 판사들은 앞에서 언급한 종신 임용권과 보수에 대한 혜택이 주어지지만, Article 1 type Court의 판사들에게는 이러한 혜택이 동일하게 부여되지는 않는다는 점이다. 94개의 연방 지방법원과 12개의 연방 항소법원 외에 연방 법원의 종류는 다음과 같다.

* Federal District Court Level

: 연방 지방법원과 동일한 수준의 연방 법원들

a. Bankruptcy Court: 연방 파산법원은 연방 헌법 제1조 근거하여 1978년에 연방 의회에 의해 설립된 Article 1 type Court이다. 미국 전역의 94개의 연방 지방법원 사법 구역마다 하나의 연방 파산법원이 설립되어 있다. 모든 파산 신청은 여기서 심리되며, 주 법원은 파산 신청 사건에 대한 심리 권한이 없다. 판사들은 14년의 임기를 부여받으며, 관할하고 있는 연방 항소 법원에 의해 임명된다.

b. Tax Court: 1924년 연방 의회가 Revenue Act를 통과시키면서 설립된 Article 1 type Court로 미국 연방국세청(the Internal Revenue Service)과 개인 간의 세금 관련 분쟁 사건들을 심리하고 있다. 판사들은 미국 대통령의 지명과 상원의 동의로 임명되며 임기는 15년이다.

c. The United States Court of International Trade: 1980년 이전에는 명칭이 the United States Custom Court였다. 전통적으로 국제무역(International Trade), 관세(Customs), 반덤핑(Anti-Dumping) 사건에 대한 재판권을 가지고 있다. 이 법원은 Article 3 type Court로서 좀 더 포괄적인 사법권을 가진다. 예를 들어 반덤핑 사건에 있어 금전적 보상(Monetary Compensation)을 판결할 수도 있고, 동시에 해당 제품의 생산 금지나 수입 금지(Ban of Imports)를 판결할 수도 있다. 판사들은 대통령의 지명과 상원의 동의로 임명되며 종신 임기와 보수에 대한 혜택을 누린다.

d. The United States Court of Federal Claims: Article 1 type Court로 연방 정부와 개인 간의 계약 관련 사건이나 연방 정부에 의한 개인 재산의 수용권(Condemnation) 관련 사건을 심리한다.

e. The United Sates Foreign Intelligence Surveillance Court: 연방 수사국(Federal Investment Bureau)이나 국가 안보국(National Security Agency)이 요청한 미국에 위치하고 있는 외국 정보기관의 감시 영장(Surveillance Warrant)을 심사하는 법원이다. 일종의 비밀 법원(Secret Court)으로 심리 과정이나 결과가 일반에게 공개되지 않는다. Article 1 type Court로 판사들의 임기는 7년이며 연방 대법원장에 의해 임명된다.

연방 의회의 관련 법률 추가 제정 및 수정을 통해 현재는 설립 당시의 취지보다 더 큰 사법권을 가지게 되었다. 이 연방 법원은 존재 자체가 일반인들에게 생소한 것이었으나, 최근 에드워드 스노든(Edward Snowden)의 미국 정부의 불법 감시 폭로 사건으로 주목받고 있다. 스노든이 폭로한 미국 연방 정부의 광범위한 개인 사찰에 대한 문건에는 The United Sates Foreign Intelligence Surveillance Court가 인가한 사찰 및 감시를 허용한 영장들이 포함되어 있다. 따라서 모든 사찰 활동들이 해당 법원의 적법한 심사를 거쳐 실시되었다는 것이 미국 정부의 공식적인 의견이다.

*** Federal Appellate Court Level:**

연방 항소법원과 동일한 수준의 연방 법원들

a. The United States Court for the Federal Circuit: Article 1 type Court으로 the United States Court of Federal Claims의 상급 법원이다. 또한 연방 지방법원에서 항소한 지적 재산권 사건(Patent and Trademark), the United States Court of International Trade의 항소 건, 그리고 기타 연방 지방법원 수준의 Article 1 type 법원의 항소 사건을 담당한다. Article 1 type의 법원이지만 판사들은 종신 임용권을 부여받고 있다.

b. 그 외에 the United Sates Foreign Intelligence Surveillance Court의 상급 법원인 the United States Foreign Intelligence Surveillance Court of Review, 그리고 재향 군인의 복지 관련 사건을 심리하는 the United States Court of Veterans Claims, 군법 재판 사건을 심리하는 the United States Court of Appeals for the Armed Forces가 있다.

*** 기타 Article 1 type 재판소들**(Tribunals)

Article 1 type의 심의 기관들은 연방 정부 특정 부서 내에 설립되었거나 또는 Board나 Commission의 이름으로 연방 의회에 의해 설립되었다. 주로 행정 심판 기관(the Administrative Adjudicating Bodies)이라고도 하는데 연방 정부가 내린 행정 명령을 심의하는 역할을 하며, 이러한 기관들이 내린 행정 심판은 Article 3 type 법원이나 Article 1 type 법원에 의해 심의가 가능하다.

예를 들어 연방 정부가 지적 재산권의 등록을 거부하였을 경우, 이 결정은 the United States Court for the Federal Circuit으로 항소가 가능하며, 최종적으로는 연방 대법원으로 상소할 수 있다.

*** Apple v. Samsung(2011) ***

최근의 삼성과 애플 간의 법적 공방은 미국의 사법 제도를 이해하는 좋은 사례가 된다. 2011년 애플은 미국 북부 캘리포니아 연방 지방법원(the United States District Court for the Northern District of California)에 삼성을 상대로 특허 침해(Infringement of Patents) 소송을 제기하였다. 현재도 진행 중인 이 사건에서, 애플은 특허 침해에 대한 금전적 보상과 삼성 제품에 대한 판매 금지를 요청하고 있다. 물론 미국 북부 캘리포니아 연방 지방 법원은 Article 3 type Court이다.

반면, 삼성은 미국 연방 정부의 국제 무역 위원회 ITC(International Trade Commission)에 특허 침해를 이유로 애플 제품의 판매 금지 소송을 제기하였다. ITC는 미국 연방 정부의 행정 심판 기관으로서 특정 제품의 판매 금지나 수입 금지 등 제한된 판결 권한만을 가지고 있으며 금전적인 보상은 결정할 수는 없다. 연방 행정부(Federal Executive Branch)에 소속된 ITC의 결정 사항에 대한 최종 재가는 행정부의 수장인 대통령(the President of the United States)이 내리는 것이다. 대통령이 국제 무역 위원회의 결정에 대한 승인을 거부하였으므로, 삼성은 연방 의회가 정해 놓은 대로 The United States Court for the Federal Circuit에 항소를 제기하였다.

[6] 미국 주 법원의 구조(New York State Court System)

미국의 델라웨어(Delaware) 주, DC(District of Columbia), 몬타나(Montana) 주처럼 이심제(2-tiered System)를 운용하는 주도 있지만, 이들을 제외한 모든 주 정부는 독자적인 주 헌법에 의거하여 연방 정부의 사법 시스템과 동일한 삼심제를 도입하고 있다. 또한 각 주 정부는 필요성에 따라 특별한 사건만을 다루는 특수 법원(Special Court)들을 설립하기도 한다. 뉴욕 주의 법원 시스템을 예를 들어 보겠다.

뉴욕 주에는 주지사(Governor)를 정점으로 한 뉴욕 주 정부(New York Executive Branch), 상원(New State Senate)과 하원(New York State Assembly)으로 구성되는 입법부(New York Legislative Branch), 그리고 뉴욕 주 법원(New York Court)이 있다.

뉴욕주의 가장 하급 주 법원은 New York Supreme Court로서 뉴욕 주의 62개 카운티(County) 행정 구역에 한 개씩 설립되어 있다. 중급 법원으로 4개의 New York Appellate Division이 있고 최상급 법원은 New York Court of Appeals이라고 한다. New York Supreme Court는 최고 소송 가액에 제한이 없고 이혼, 별거 등에 대한 독점적 사법 관할권이 있다.

별도로 각 행정 구역마다 설립된 Local Court에는 County Courts, City Courts, District Courts, Town and Village Courts, and New York City Court 등이 있다. 각각의 Local Court는 심리할 수 있는 소송 가액의 상한선과 형사 사건의 종류가 정해져 있다. Local Court의 판결에 대한 항소는 뉴욕 주의 하급 법원인 New York Supreme Court나 중급 법원인 New York Appellate Division으로 하는데, 역시 뉴욕 주 의회가 정한 바에 따른다.

또한 뉴욕 주에는 뉴욕 주 의회에 의해 설립된 제한된 사법권을 가진 특수 법원들이 설립되어 있다. 유소년 사건, 양육권 및 영유아 학대 사건 들을 다루는 Family Court가 있고, 상속 사건을 심리하는 Probate Court, 그리고 뉴욕 주정부와의 계약 분쟁 사건을 심리하는 Court of Claims가 있다.

* New York State Court System		
NY Court	Local Court	Special Court
NY Court of Appeals ↓ NY Appellate Divisions ↓ NY Supreme Court (Over $25,000 Civil Case)	County Court (Up to $25,000 Civil Case) ↓ City Court District Court Town & Village Court New York City Court	Family Court Probate Court Court of Claims

[7] 법원들 간의 법적 구속력(Binding Legal Authority)

앞에서 설명한 바와 같이 미국 사법 시스템은 판례 구속의 원칙(Stare Decisis)을 따르기 때문에 판사들은 사건의 판결에 있어 유사한 이전의 판례을 따라 판결을 내린다. 이러한 과거의 판례들을 가리켜 법적 구속력(Binding Authority)이 있는 판례라고 한다. 아래에서 설명하겠지만 법적 구속력이 없고 다만 참조할 수만 있는 판례(Persuasive Authority)도 있다. 미국 변호사들이 법적 구속력이 없는 판례를 인용하는 것은 문제가 없으나, 담당 판사는 이러한 판례들을 반드시 판결에 반영할 필요는 없으며 배심원들도 마찬가지이다.

* 연방 대법원 판례의 구속 범위

미국 연방 대법원의 판례는 미국 영토 내에 위치한 모든 연방 법원과 주 법원의 판결에 법적 구속력이 있다. 따라서 하위 법원들은 연방 대법원의 과거 판례에 반하는 판결을 내릴 수가 없다. 다만 연방 대법원은 과거에 내렸던 연방 대법원의 판결을 뒤엎고(Overrule) 이와 배치되는 시대상을 반영한 새로운 판결을 내릴 수가 있다.

* **연방 항소법원 판례의 구속 범위**

미국 연방 항소법원의 판례는 항소법원이 관할하는 모든 연방 지방법원들의 판결에 대해 법적 구속력이 있다. 예를 들어 제2 연방 항소법원(the United States Court of Appeals for the 2nd Circuit)이 내린 판결은 소속된 여섯 개의 연방 지방법원(코네티컷 주 연방 지방법원, 버몬트 주 연방 지방법원, 그리고 뉴욕의 4개 연방 지방법원)이 모두 따라야 한다. 연방 항소 법원이 과거에 판결에 배치되는 새로운 판결을 내리는 것 역시 특별한 경우를 제외하고서는 매우 드문 일이다.

그런데 제2 연방 항소법원의 판결은 다른 연방 항소법원들이나 그 하위의 연방 지방법원들에 대해 법적 구속력이 없다. 만약 연방 항소법원이 다른 연방 항소법원의 판결과 상충되는 판결을 내리는 경우에는, 연방 대법원이 이를 심리할 만한 충분한 이유가 되며 결국 연방 대법원에게서 최종 판결이 나오게 된다.

* **연방 지방법원 판례의 구속 범위**

한편, 연방 지방법원의 판결은 오직 사건 당사자에게만 법적 구속력이 있다. 즉, 연방 지방법원은 다른 연방 항소법원의 판결이나, 같은 연방 항소법원의 관할 하에 있는 다른 연방 지방법원의 판결을 반드시 따를 필요가 없다. 또한, 과거에 자신이 내렸던 판결과 다른 판결을 내려도 된다. 다만, 연방 지방법원의 상급 법원인 관할 연방 항소법원과 연방 대법원의 판례에 대해서는 이를 따라야 한다.

*** 주 법원 판례의 구속 범위**

주 법원의 경우도 연방 법원과 유사하다. 주 법을 해석하는 데 있어 최고 권위는 그 주의 대법원이 가지고 있다. 뉴욕 주의 Court of Appeals의 판례는 하위의 중급 법원인 Appellate Division과 하급 법원인 Supreme Court, 그리고 Local Court들에게 법적 구속력을 가진다. Appellate Division의 판결은 소속된 Supreme Court 및 Local Court들에 법적 구속력을 가진다.

반면, 연방 대법원의 판례는 모든 주의 법원들에 대해 법적 구속력을 가진다. 예를 들어 뉴욕 주의 최고 법원인 Court of Appeals, 중급 법원인 Appellate Division과 하급 법원인 Supreme Court 모두가 연방 대법원의 판례를 따라야 한다. 그러나 뉴욕 주의 법원들은 연방 항소법원들이나 연방 지방법원들의 판례를 꼭 따를 필요는 없다.

[8] 연방주의(Federalism)

앞에서 언급한 바와 같이 미국 연방 헌법은 미국 내의 각 주가 독자적인 정부를 구성하도록 하였으나, 다른 한편으로는 연방 정부와 주 정부 간의 관계에 대한 중요한 조항들인 우월 조항(Supremacy Clause), 통상 조항(Commerce Clause), 그리고 특권과 면책 조항(Privilege and Immunities Clause)을 통해 상호 간의 관계를 조정하고 있다.

*** 우월 조항**(Supremacy Clause)

연방 헌법 제4조 3항은 연방 의회에게 연방에 속한 모든 영역과 재산에 적용되는 필요한 법령을 제정할 권한을 부여하고 있다.

> "The Congress shall have Power to dispose of and make all needful Rules and Regulations respecting the Territory or other Property belonging to the United State..." (Article 4, Section 3, Paragraph 2)

그리고 연방 헌법 제6조에는 연방 헌법(the US Constitution), 연방 헌법의 집행을 위해 제정된 연방 법령(the Laws of the US), 그리고 외국과의 조약들(Treaties)이 상충되는 주 법(주의 헌법과 하위의 법령)보다 우선한다는 우월 조항(Supremacy Clause)이 포함되어 있다.

> "This Constitution, and the Laws of the United States...shall be the supreme Law of the Land...and the judges in every State shall be bound thereby,..." (Article 6, Section 2)

연방 의회가 배타적으로 관할하지 않는 영역은 각 주가 필요한 법령을 제정하여 집행할 수 있는 것으로 간주되며, 또는 주 정부는 필요하다고 생각될 경우 연방 정부가 제공하는 법적 기준보다 높은 수준의 보호 장치를 추가로 설정할 수도 있다. 예를 들어 미국 식품의약국(FDA)이 대형 마트의 야채 유통 기한을 최대 일주일로 정했지만, 뉴욕 주에서 주민들의 건강을 보호하기 위해 유통 기한을 5일로 줄였다고 한다면 이는 연방 법에 상충되는 것이 아니다.

연방 법이 주 법보다 우월하게 적용되어 주 법을 대체하기(Supersede) 위한 경우는 세 가지가 있다. 그 첫 번째는 주 법이 연방 법과 직접적으로 상충(Direct Confliction)되면서 연방 정부의 목표 실행에 방해가 되는 경우이다.

두 번째는 연방 의회가 어떤 법령을 제정하면서 명백히 이 법안이 중복되는 주법들보다 우선한다고 선언한 경우로, 예를 들어, 연방 의회가 공공 보건 법을 제정하면서 식품 의약 관련 분야(Food and Drug)는 연방 정부가 관할한다고 선언한 것은 두 번째 경우가 될 것이다.

세 번째로는 연방 의회가 제정한 연방 법이 역사적으로 배타적으로 적용되어 온 경우(Pre-emption)가 있다. 관세 및 세관 관련 분야는 연방 정부가 전통적으로 관할해 온 분야이므로 충분히 연방 정부의 배타적인 선점 분야(Pre-empted Field)로서 추론이 가능한 세 번째 경우가 된다고 하겠다.

***** Penn v. Nelson (1956) *****

정부의 안보를 위협하는 행위를 막기 위한 펜실베이니아 주 법인 Pennsylvania Sedition Act가 1919년에 제정되었고, 거의 20년 후인 1940년 유사한 연방 법인 Alien Registration Act가 연방 의회에 의해 제정되었다. 연방 대법원은 비록 유사한 주법이 연방 법보다 먼저 제정되었더라도, 연방 의회가 연방 법을 제정하면서 이를 통해 국가 안보 분야(National Security)를 관할하려는 연방 정부의 의도(Intent)를 명백히 보여 주었다고 판단하였다. 또한 국가 안보는 개별 주 정부의 안보를 포괄하는 연방 정부의 배타적인 선점 분야(Pre-empted Field)이며, 펜실베이니아 주법이 연방 법과 상충될 위험이 있으므로 연방 법이 주 법보다 우선한다고 판결하였다.

*** 휴면 통상 조항**(Dormant Commerce Clause)

연방 헌법 제1조 8항 2호 통상 조항(Commerce Clause)에 의거 연방 정부는 여러 주들에 걸치는 경제와 상업 활동 등의 포괄적인 통상 활동(Commercial Activities)을 규제하는 권한을 가진다.

" To regulate Commerce with foreign Nations, and among the several Stares, and with the Indian Tribes;" (Article 1, Section 8, Paragraph 2)

이러한 통상 활동은 여러 주들 간에 영향을 미치는 활동으로서 주간 통상 활동(Interstate Commerce)이라고 한다. 따라서 어떤 주가 제정한 법이 주간 통상 활동을 방해할 경우 이는 위헌으로 선언될 수 있으므로, 주 정부는 주 간의 통상 활동을 방해하지 않아야 하고 다른 주의 기업이나 주민들의 통상 활동을 차별하지 않도록 법을 제정해야 한다.

연방 법원은 주 법을 심리하면서, 이 법이 해당 주의 중요한 목표(Objective)를 달성하기 위해 필요한 법인지, 아니면 주의 특정 통상 활동을 보호하기 위한 보호주의(Protectionism)의 일환인지 신중하게 그 경중을 따져 보게 된다. 또한 통상 조항은 비록 연방 의회가 특정한 분야에 대해 입법을 하지 않았어도 주 정부가 주간 통상 활동에 방해가 되는 입법 활동을 하지 않도록 규제하는 작용을 하기 때문에 휴면 통상 조항(Dormant Commerce Clause)이라고도 한다.

***** Gibbons v. Ogden (1824) *****

미국 연방 초기인 1824년의 사건에 대한 판결로서, 여기서 존 마셜(John Marshall) 연방 대법원장은 연방 정부의 통상 권한을 강화한 휴면 통상 조항(Dormant Commerce Clause)을 언급하였다. 뉴욕 주가 부여한 뉴욕 주의 모든 선박 항로(Water Navigation)에 대한 독점권을 가진 회사가 연방 정부로부터 뉴욕 시와 뉴저지의 항로 면허를 부여받은 회사에 대해 영업 금지 명령(Injunction)을 신청하면서 사건이 시작되었다. 연방 대법원은 통일된 주간 통상 활동(National Uniformity)의 필요성을 인정하고 통상 활동에 대한 권한은 연방 정부가 독점적으로(Exclusively) 가지고 있음을 선언하였다. 연방 대법원은 주 간 항로(Navigation) 역시 여러 주에 걸치는 주간 통상 활동(Interstate Commerce) 중 하나로 판단하였고 따라서 연방 정부의 허가가 주 정부가 인가한 항로 면허를 대체(Supersede)한다고 판결하였다.

반면, 휴면 통상 조항에 대한 예외도 있다. 주 정부는 집행 기관이 아닌 상행위의 주체인 수요자나 공급자로 시장 경제에 참여하기도 한다. 또한 주 정부의 자체 재원으로 사업체를 운영하기도 하는데 이러한 경우들은 시장 참여자 원칙(Market Participant Doctrine)에 의한 휴면 통상 조항의 예외로 인정받는다.

* 예를 들어 주립 대학교(State Universities)들은 해당 주의 주민들에게 낮은 등록금을 책정하는 하는 것이 보통이다. 주 정부가 운영하는 주립 대학교는 주민들의 세금으로 운영되는 교육 기관이므로 이는 주민들에 대한 혜택을 제공하는 것이지 다른 주의 주민들을 차별하는 것으로 간주되지는 않는다. 다른 한편으로 대학 교육은 연방 헌법이 제공하는 헌법 상의 권리(Constitutional Right)가 아니다. 만약 어떤 주의 사립대학교(Private University)가 해당 주의 학생과 외부 주에서 온 학생 간의 차별적인 등록금 제도를 운영한다면 이는 휴면 통상 조항을 위배하는 것으로 위헌이 될 수 있다.

***** Pike v. Bruce Church Inc. (1970) *****

연방 대법원은 본 사건에서 애리조나(Arizona) 주의 과일과 야채 재배 산업을 보호 하기 위한 법률에 대해 심리하였다. 애리조나 주 법인 Arizona Fruit and Vegetable Standardization에 따르면 애리조나 주에서 생산된 모든 청과물은 포장에 애리조나 생산품임을 나타내는 'From Arizona' 표식을 해야 했다. 법원은 이 법안이 가져 오는 혜택(Benefit)과 개인 재배업자들이 부담해야 하는 경제적인 부담(Economic Burden)을 비교하였다. 연방 대법원은 애리조나 주 법이 요구하는 표식을 위해 추가로 포장 시설을 도입해야 하는 농가에 대한 재정적 부담이 너무 크므로 해당 주 법을 위헌으로 판결하였다.

*** 특권과 면책 조항**(Privilege and Immunities Clause)

연방 헌법 제4조는 2항은 특권과 면책 조항(Privilege and Immunities Clause)으로 주 정부는 주 경내에 머물고 있는 외부 주민들을 차별하면 안 된다는 조항이다.

" The Citizens of each State shall be entitled to all Privilege and Immunities of Citizens in the several States." (Article 4, Section 2)

비슷한 조항으로는 수정 헌법 제14조가 있다.

"No State shall make or enforce any law which shall abridge the Privilege or Immunities of citizens of the United States...nor shall any State deprive any person of life, liberty, or property, without due process of law; nor deny to any person within its jurisdiction the equal protection of the laws." (the 14th Amendment)

이 조항은 명확히 시민의 권리(Citizen's Right)를 침해하면 안 된다고 명기하였기 때문에 앞의 연방 헌법 제1조 통상 조항(Commerce Clause)과는 적용 대상이 틀리다. 특권과 면책 조항은 주 정부가 다른 주민의 헌법에 명기되어 있는 시민적 기본 권리(Civil Rights), 즉 종교의 자유(Freedom of Religion), 표현의 자유(Freedom of Speech) 등을 침해하거나 거부하면 안 된다는 조항이다.

[9] 미국 연방 법원의 위헌(Unconstitutionality) 판결

앞에서 살펴본 바와 같이 연방 법원은 연방 헌법의 여러 조항들을 근거로 하여 연방 법과 상충되는 주 법에 대해 연방 법이 우위에 있음을 판결할 수 있고, 또는 경합하는 연방 법이 없을 경우에도 주 법 자체가 연방 헌법에 대한 위헌(Unconstitutional)임을 판결할 수도 있다.

또한 연방 대법원은 연방 의회가 제정한 법안이 연방 헌법에 위배되는지 아닌지를 심사할 권한(Judicial Review)이 있다. 연방 대법원이 연방 법이 위헌이라고 선언하게 되면 더 이상 이 법안을 집행할 근거가 없어진다. 따라서 연방 의회는 해당 법안을 폐기(Discard)하거나, 위헌인 조항을 수정(Amend)하거나, 아니면 다른 법안을 발의하여 이를 대체(Supersede)하여야 한다. 연방 의회가 제정한 연방 법에 대한 위헌 심사 권한은 연방 헌법에 명기된 사항은 아니고 1809년의 Marbury v. Madison 사건으로 확립된 것이다.

[10] 배심원 제도(Jury Trial)

미국 연방 사법 제도의 가장 큰 특징 중 하나는 바로 배심원 제도(Jury)이다. 여기서 배심원 개인은 Juror라고 한다. 연방 헌법은 민법과 형법 재판 모두에 배심원 재판을 보장하고 있다.

형사 사건의 경우, 연방 헌법 제3조 2항 3호에서,

"The Trial of all Crimes,...shall be by jury;..." (Article 3, Section 2, Paragraph 3)

그리고 수정 헌법 제6조에는 신속하고 공평한 배심원 제도의 원칙이 제시되어 있으며,

"In all criminal prosecutions, the accused shall enjoy the right to a speedy and public trial, by an impartial jury of the States..." (the 6th Amendment)

민사 사건의 경우는 수정 헌법 제7조에 의해 배심원 제도가 보장되고 있다.

"In Suits at common law,...the right of trial by jury shall be preserved,..." (the 7th Amendment)

연방 의회는 배심원 제도 운영에 관한 세부 법안을 제정하고 있는데, 1968년의 the Judge Selection and Service Act가 그것이다. 그런데 배심원 재판은 무조건 주어지는 권리(Right)는 아니다. 이는 일종의 연방 헌법이 보장한 특권(Privilege)으로서 사건 당사자는 해당 법원에 정식으로 배심원 재판을 요청해야 한다.

또한 연방 헌법의 배심원 제도는 연방 법원에만 해당되는 것으로, 연방 헌법이 주 법원의 배심원 재판을 보장하는 것은 아니

다. 그러나 미국의 모든 주는 해당 주법에 따라 배심원 제도를 도입하여 운용하고 있다.

배심원 재판에 있어서 담당 판사는 중요한 역할을 한다. 담당 판사는 관련 법의 적용과 해석을 하는 역할을 담당하고, 배심원들에게 이에 대한 지침을 제공한다. 이를 법 적용의 문제(Question of Law)라고 한다. 배심원은 제출된 증거 및 사실 관계를 검토하여 판결을 하는데 이를 사실 관계의 문제(Question of Facts)라고 한다.

연방 지방법원에서는 판사의 의한 법 적용의 문제와 배심원에 의한 사실 관계의 문제를 모두 심리하여 판결을 내리게 되지만, 연방 항소법원이나 연방 대법원은 사실 관계의 문제는 심리하지 않고 단지 하위 법원에서 올바른 법 적용을 하였는지를 검토하게 된다. 따라서 배심원 재판은 연방 지방법원에서만 적용되고 연방 항소법원과 연방 대법원은 담당 판사가 판결을 내리게 된다.

* 우리가 흔히 보는 일반적인 사실 관계를 심리하는 배심원 제도는 12명의 배심원으로 구성되는 소배심(Petit Jury)이고, 반면 연방 헌법 제5조에서 보장하는 대배심(Grand Jury)은 주로 형사 소송을 위해 구성되는 23명의 배심원 제도로서, 형사 사건에 있어 검찰이 제시한 증거를 검토하여 정식 기소를 할지 결정하는 역할을 한다.

배심원 제도 운용에 있어 가장 중요한 것이 Voir Dire(라틴어로 진실만을 말한다)인데 주로 재판 개시 전 배심원 선정과 관련된 절차를 말한다. 소송 당사자의 법적 대리인이나 담당 판사는 배심원 후보자들로부터 적정한 배심원을 선택할 권한이 주어지는데, 성별이나 인종 등을 근거로 특정 배심원 후보를 배제할 수 있다.

또한 소송이 개시된 후에도 소송 당사자는 판결 결과가 확실하다고 주장하면서 배심원 판결을 배제하고 판사의 직접 판결을 요청할 수도 있고(Direct Verdict), 또는 일부 배심원이 법원이 정한 규칙이나 지침을 어긴 것을 발견할 시 새로운 재판을 요청할 수도 있다. 패소한 측에서는 배심원 판결이 이루어진 후에도 판결의 내용이 극단적(Extreme)이거나 상식을 벗어 났음(Unreasonable)을 주장하면서 배심원 판결을 무시할 것을 법원에 요청할 수도 있는데, 이에 대한 재량권은 모두 담당 판사가 가지고 있다.

[11] 형평법(Equity Law)과 미국 사법 제도

Equity는 공정함(Fairness), 편파적이지 않음(Impartiality) 등과 같은 의미이다. 중세 영국에서는 왕이 법률 고문관(Chancery)을 임명하여 일반 법의 적용이 아닌 정의로움과 공정함에 기초하여 판결을 내리도록 하였다. 미국에는 이러한 형평법을 적용하기 위한 재판소가 별도로 존재하지는 않고 다만 판결에 있어 일반 법과 형평법을 모두 고려할 수 있도록 하고 있다. 뉴저지(New Jersey) 주, 델라웨어(Delaware) 주, 일리노이(Illinois) 주의 경우는 아직도 형평법에 입각한 판결을 내릴 수 있는 법원이 주 법원의 일부로 존재하고 있다. 형평법에 대한 소송은 법 적용의 문제(Question of Law)를 심사하는 것이기 때문에 배심원 없이 판사에 의해서만 판결을 한다.

형평법에 대한 규정은 연방 헌법에는 실려 있지 않고 판례법으로 존재하며 강제 명령(Injunction) 관련은 미합중국 법령집(USC) 제28조나 연방 민사소송법규(Federal Rules of Civil Procedure)에서 찾아 볼 수 있다.

강제 명령(Injunction)과 금전적 보상(Monetary Damage)은 차이가 있다. 예를 들어 누군가 다른 사람의 서류를 위조하여 토지를 제3자에 매각하였다면, 금전적 보상은 제3자로부터 수령한 토지 대금을 돌려 받는 것이 될 것이다. 그렇지만 원래 주인에게는 그 토지에 대한 금전적 보상보다는 토지의 소유권을 지키는 것이 더 공정한 판결이 될 수도 있는 것이다. 이처럼 금전적 보상이 적절한 수단이 되지 않는 경우 법원은 형평법의 원칙에 입각하여 어떤 행위를 금지하거나 또는 강제할 수 있다.

강제 명령에는 정식 판결이 내리기 전까지 유효한 잠정 금지 명령(Preliminary Injunction)과 영구적 금지 명령(Permanent Injunction)이 있다. 또한 법원은 법적 의무나 계약의 의무를 이행하도록 강제할 수도 있는데, 이를 Specific Performance라고 한다. 강제 명령 등에 대한 사항은 계약법(Contract Law)에서 다시 자세히 다룰 것이다.

3. 미국 연방 법원의 사법권(Federal Jurisdiction)

사법권(Jurisdiction)이 있다는 것은 간단히 말해서 법원이 해당 사건을 심리할 법적 권한이 있다는 의미이다. 앞에서 살펴본 바와 같이 미국에는 연방 법원들과 주 법원들이 무수히 많기 때문에 해당 판사는 사법권 심사를 통해 사건을 각하(Dismiss)하거나, 필요한 경우 적합한 사법권을 가진 다른 법원으로 이송(Transfer)시키기도 한다. 예를 들어 연방 법원은 사물 관할권 (Subject Matter Jurisdiction)이 없다고 결정하면 사건을 각하시킨다. 이 경우 원고(Plaintiff)는 사물 관할권을 가진 주 법원에 다시 소송을 제기해야 한다. 또 주 법원은 사물 관할권을 가진 사건이라도 스스로의 판단에 의하거나 또는 피고(Defendant)의 요청으로 사건을 연방 법원으로 이송시킬 수 있다. 이 경우 시간과 비용적으로 불리한 입장에 서기 때문에 사법권을 가진 올바른 법원을 찾아 소송을 개시하는 것이 매우 중요한 문제이다. 미합중국 법령집(the United States Codes) 제28조에는 연방 법원의 사법권과 그 절차에 대한 법령이 규정되어 있다.

연방 법원은 올바른 당사자가 세 가지 심리 기준(Standard of Review)을 충족하여 소송을 제기할 경우 이를 심의해야 한다. 먼저 소송을 제기한 원고는 해당 연방 법원에 자신이 피고로부터 실질적이고 특정한 위해(Injury)를 받았음을 설득할 수 있어야만 한다. 즉 피고의 행동이 원고의 피해의 원인(Causation)이 되었으며, 제기한 소송을 통해 그러한 피해를 제거하거나 바로 잡을 수 있음을 법원에 납득시켜야 한다. 또한 원고는 그러한 피해를 당한 당사자여야만 하는데 피해자가 소송을 직접 제기할 수 없는 경우 등은 예외가 인정된다. 이를 가리켜 소송 본안에 대한 적격성(Standing)을 가진다고 한다.

또한 소송은 너무 일찍 제기되어서도 안 되고 어느 정도 성숙(Ripeness) 되어야 한다. 예를 들어 어떤 법안이 연방 의회를 통과하였으나 아직 행정부에 의해 집행되기 전이라면 이 법안에 대한 위헌성 여부 심사를 법원에 요청하는 것은 시기상조이다. 다만, 그 법안의 집행 전이라도 실제 집행으로 인해 야기될 피해가 명백할 경우 법원이 심의를 받아들일 가능성이 있다.

마지막으로 Mootness가 있는데 Moot는 가상적(Hypothetical)이란 의미로서 Moot Case란 이미 실질적인 논쟁의 여지가 없는 사건을 가리킨다. 즉 과거에 실질적인 피해가 있었다고 하더라도 사건 심리 중에 피해 상태가 해소되었다면, 법원은 이를 Moot Case로 간주하여 소송을 각하시킬 수 있다. 예를 들어 어떤 법안이 개인의 권리를 침해하여 피해자가 이에 대한 위헌 소송을 제기하였으나, 소송 진행 중 이 법안이 폐기되었을 경우 이 사건은 Moot한 것이다. 다만 법원은 피고가 재판을 회피할 목적으로 피해 행위를 일시적으로 중단하였다고 판단할 경우 피해의 재발 가능성이 있으므로 사건을 심리하기도 한다.

***** Roe v. Wade (1973) *****

이 사건에서 연방 대법원은 강간이나 근친상간 등 특수한 경우에만 낙태를 허용하는 텍사스(Texas) 주 정부의 낙태 법안이 위헌임을 판결하였다. 원고는 소송 진행 중 이미 아이를 분만하였고, 텍사스 주 정부는 분만으로 인해 낙태에 대한 상황이 이미 종료되었으므로 원고의 주장이 Moot하다는 주장을 하였다. 연방 대법원은 원고가 다시 임신하게 될 경우도 있으며 또한 다른 유사 피해자들이 생길 수도 있다는 이유로 텍사스 주 정부의 주장을 받아들이지 않았다.

반면, 연방 대법원은 Defunis v. Odegaard (1974) 사건에서는 개인 권리의 침해 사실이 재판 진행 중 해소되었고 반복될 여지가 없다고 판단하여 해당 사건을 각하하였다. 이 사건에서 원고는 로스쿨 입학 허가에 인종 차별로 인한 불이익을 당하였다고 주장하였으나 재판 진행 중 로스쿨 입학을 허가 받았고 소송 진행과 관계 없이 졸업을 앞 둔 상태였다. 따라서 침해 사실의 반복(Repetition) 여부가 가장 중요한 판결의 근거가 된다고 하겠다.

[1] 연방 법원의 사물 관할권(Subject Matter Jurisdiction)

사물 관할권은 법원이 그 사건을 심리하고 판결을 내릴 수 있느냐에 대한 권한으로 사건 자체에 대한 심리 권한을 의미한다. 앞에서 살펴본 바와 같이 연방 대법원을 제외한 다양한 종류의 연방 법원은 연방 의회에 의해 사물 관할권이 제한되어 있는 경우가 있다. 예를 들어 앞에서 언급하였던 연방 조세법원(the United States Tax Court)은 연방 국세청과의 세금 분쟁과 관련된 사건에 대해서만 배타적인 사물 관할권을 가지고 있고 그 외에 사건은 심리할 수 없다.

연방 헌법 제3조 2항을 보면 연방 법원은 연방 문제(Federal Question) 관련 사건에 대한 심리 권한이 있다.

> "The judicial Power shall extent to all cases, in Law and Equity, arising under this Constitution, the Laws of the United States,..."
> (Article 3, Section 2)

연방 문제 관련 사건은 연방 법에 의해 보장된 개인의 권리와 자유가 다른 사람이나 정부 기관에 의해 침해된 경우 제기하는 소송을 말한다. 연방 문제에 대한 소송을 연방 법원에 제기하려면 원고는 자신이 행사하고자 하는 권리가 연방 헌법에 의해 보장된 것(Federal Right)이며, 피고가 정당한 권리의 행사를 못 하게 하므로, 그 권리를 행사하도록 소송을 제기하였음을 명확히 하여야 한다.

또한, 같은 항에 의하면,

"...between Citizens of different States,-between Citizens of the same State claiming Lands under Grants of different States, and between a State, or the citizens thereof ,and foreign States, Citizens or Subjects." (Article 3, Section 2)

연방 법원은 연방 문제 관련 사건 외에 서로 다른 주의 주민들 간의 사건에 대해서도 심리 권한이 있는데 이를 Diversity Jurisdiction이라 한다. 이 경우 두 가지 조건을 충족해야 하는데, 그 첫 번째는 소송 가액(Amount in Controversy)이다. Diversity Jurisdiction이 성립되기 위해서는 원고가 소송 가액이 미화 7만 5천 불 이상임을 증명하고 법원이 이를 받아들여야 심리가 가능하다. 다만, 피고는 소송 가액에 이자와 소송 비용 등을 포함할 수는 없다.

두 번째는 피고와 원고가 서로 다른 주의 주민이거나 아니면 피고나 원고 중 일방이 외국인(Alien)이어야만 한다. 그러나 피고와 원고가 모두 외국인일 경우는 이에 해당되지 않는다. 이 경우에는 연방 법원이 아닌 주 법원으로 소송을 제기해야 한다.

*** Residency & Domicile**

연방 법원은 Diversity Jurisdiction을 심사하기 위해 소송 당사자들의 법적 우선 거주지(Domicile)을 검토한다. Residency는 Domicile과 전혀 다른 개념이다. 둘 다 거주지라는 의미를 가지지만 Domicile은 법적인 영구 거주지(Permanent and Principal Home)의 의미를 가진다. 예를 들어 피고가 뉴욕 주, 캘리포니아 주, 그리고 플로리다 주에 콘도를 소유하고 있다면 피고의 Residency는 뉴욕 주, 캘리포니아 주, 플로리다 주 모두가 성립 가능하다. 그러나 Domicile은 복수가 될 수 없고 반드시 한 곳이어야 한다. 법원은 해당 사건 당사자의 Domicile을 결정하기 위해서, 투표 이력 등 당사자의 영속적인 거주 의도를 알 수 있는 여러 가지 사안을 참고로 하여 Domicile을 판단하게 된다.

[2] 준거법의 선택(the Choice of Law)

일단 연방 법원이 사건을 심리하기로 결정하였다면 다음 문제는, 그 사건에 대한 준거법(Substantive Law)을 연방 법과 주 법 중 어떤 법으로 선택할 것인가에 대한 것이다. 사건에 실질적으로 적용되는 준거법은 소송 당사자 간의 권리와 의무 등을 규정하는 법으로 다른 말로 하면 소송의 판결을 좌우하는 법(Outcome Determinative)이다.

연방 법원에서는 연방 법을 소송 절차(Civil Procedure)의 기준으로 삼는다. 따라서 소장 제출 방법이나 답변서 제출 등은 연방 소송 절차인 FRCP(Federal Rules and Civil Procedure)을 따른다. 그런데 소송 절차는 소송의 본안 판결(Merit)을 좌우하지는 않는다. 왜냐하면 소송 절차의 문제로 소송이 각하되어도 원고는 이를 보완하여 다시 소송을 제기할 수 있기 때문이다.

연방 법원은 Diversity Jurisdiction 사건의 경우, 적용 가능한 여러 주 법들 중 하나를 준거법을 선택한다. 연방 법원은 여러 주 법의 적용이 가능할 경우에 소송 당사자의 거주지, 사건이 발생한 지역, 피해 물건이 위치한 지역 등을 고려하고, 어떤 주의 법이 특별한 대상과 이익(Interest)을 보호하려는 의도가 있는지 고려하여 준거법을 선택하게 된다.

앞에서 말한 바와 같이 Diversity Jurisdiction 사건에서 제기된 사건이 연방 법과 여러 주 법 모두에 근거할 수가 있는 경우, 일반적으로 연방 법이 주 법보다 완화된 규정을 가지고 있기 때문에 연방 법이 준거법으로 선택되면 원고에게 유리한 판결을 이끌어 낼 수가 있다. 이 경우 원고는 연방 법원에 소를 제기하면서 법원이 연방 법을 준거법으로 삼아 판결을 내릴 것으로 기대하게 된다. 연방 법원에게 이러한 소송 제기는 Forum Shopping 이라 하여 매우 꺼리는 사안이다. 준거법 선택의 원칙은 1938년의 Erie Railroad v. Tomkins 사건 이래로 확립되고 있다.

***** Erie Railroad v. Tomkins (1938) *****

펜실베이니아 주에 거주하는 원고가 펜실베이니아 주에서 뉴욕 주에 위치한 회사 소유의 기차로부터 사고를 당한 신체적 상해에 대한 피해 보상 소송이다. 문제는 연방 법과 펜실베이니아 주법의 부주의(Negligence)로 인한 과실의 책임 범위(Scope of Liability)가 다르다는 점이었다. 펜실베이니아 주 법이 적용될 경우 원고는 피해 보상을 받기 어려워 뉴욕 주 연방 지방법원에 소송을 제기하여 연방 법의 적용을 기대하였다.

이 판결에서 연방 대법원은 소송 당사자(주로 피고)가 적법한 법의 보호를 받지 못 하는 것을 방지하기 위해, 연방 헌법 수정 헌법 제14조의 적법 절차조항(Due Process)을 근거로 Erie Doctrine을 확립하였다. 결국 Erie 판결에서 연방 법원은 소송 사건이 발생한 주인 펜실베이니아 주의 법을 사건의 준거법으로 채택하였다.

[3] 신뢰와 신용 조항(Full Faith and Credit)

연방 헌법 제4조 1항의 신뢰와 신용 조항에서 주 법원은 다른 주의 법원에서 내린 판결을 존중하고 집행을 돕도록 하고 있다.

"Full Faith and Credit shall be given in each State to the public Acts, Records, and judicial Proceedings of every other State." (Article 4, Section 1)

예를 들어 이혼 판결(Divorce Decree)이 뉴욕 주 법원에서 내려졌다고 하면 현재 일방의 배우자가 거주하고 있는 뉴저지 주 법원에서는 이혼 판결을 인정하고 필요할 경우 위자료와 이혼 수당을 받을 수 있도록 필요한 후속 조치를 취해야 한다.

그런데 신뢰와 신용 조항이 적용되려면, 다른 주에서 내린 판결이 올바른 사법 관할권을 가진 법원(Valid Jurisdiction)에서 내린 판결이어야 하며 판결은 최종적(Final Judgment)이며, 사실(Fact)에 근거한 본안에 내려진 판결(Judgment made on Merits)이어야 한다. 만약 소송 절차의 문제로 소송이 각하된 경우라만 이 조항의 적용에 해당이 되지 않는다. 연방 법원과 주 법원 간의 관계도 마찬 가지여서 주 법원은 연방 법원의 판결을 존중하고 필요한 조치를 취할 수 있어야 한다.

이 조항은 외국 법원에서 내려진 판결(Judgment from Foreign Country)에 대해서도 적용된다. 다만, 법원은 외국 법원에서 내린 판결이 합당한 사법권(Proper Jurisdiction)을 가진 법원에 의해 판결이 이루어 졌는지, 피고가 자신을 변호할 수 있는 정당한 권리(Fair Opportunities to Defend)를 재판 기간 중에 행사하였는지, 또한 그 판결이 미국의 공공 정책(Public Policy)과 사회 통념에 위배되지는 않는지를 검토한다.

그런데 가족법(Family Law)의 많은 판결들은 수정 가능한 판결(Modifiable Judgment)이다. 예를 들어 이혼 수당(Divorce Alimony), 별거 수당(Separation Alimony), 자녀의 양육 수당(Child Support)들은 처해진 경제적 상황에 따라 법원이 금액 조정(Modification)을 명령할 수가 있기 때문이다. 따라서 금액 조정 신청이 받아들여진다고 해도 다른 주의 법원이 이를 받아들이지 않을 가능성이 있다.

아래와 같이 최근 연방 정부는 연방 헌법 제4조 1항에서 주어진 권리를 행사하여,

"...And the Congress may by general Laws prescribe the manner in which such Acts, Records and Proceedings shall be proved, and the Effect thereof." (Article 4, Section 1)

여러 가지 입법 활동을 통해 주 간의 신뢰와 신용 조항의 적용을 강화하는 추세이다.

*** The Uniform Interstate Family Support Act (1992)**

NCCUSL이 제안한 법안으로 미국의 모든 주가 입법화하였다. 일단 어떤 주의 법원이 자녀의 양육 수당에 대한 판결을 내린 경우, 이 법원은 본 사건에 대한 독점적인 사법권(Exclusive Jurisdiction)을 가지게 된다. 따라서 판결을 내린 해당 법원은 양육 수당 관련 판결을 수정하고 변경할 유일한 권한을 가지게 되며 다른 주에서

도 해당 법원의 지속적인 사법권에 의한 수정 판결을 존중해야 할 의무가 있다.

다른 한편으로, 연방 정부는 같은 해 Child Support Recovery Act를 제정하여 고의적으로 양육비 지급을 연체하였을 경우 이를 연방 범죄(Federal Crime)로 규정하여 연방 정부 차원에서 처벌을 할 수 있도록 하였다.

*** Full Faith and Credit for Child Support Orders Act (1994)**

연방 정부는 본 법안을 통해 주 정부가 다른 주에서 내린 양육비 지급 판결을 준수하도록 하였는데, 특히 다른 주에서 내린 판결의 양육비 지급 조건(Terms of Payment)의 수정을 금지하여
원래 판결을 그대로 따를 것을 결정하였다.

*** Violence against Women Act (1994)**

이 법안이 제정되기 이전에는 배우자나 동반자에 대한 접근 금지 명령(Restraining Order)은 판결을 내린 주에서만 유효하였다. 따라서 피해자가 다른 주로 이사를 갈 경우 피해자는 해당 주 법원에 가서 동일한 접근 금지 명령을 요청하는 번거로움이 있었을 뿐만 아니라, 법원이 이를 심의하는 동안 가해자에 의한 폭력에 노출 될 확률이 높았다. 연방 의회는 최초에 내려진 법원의 접근 금지 명령을 다른 주의 법원도 준수할 것을 요구하고 있다.

*** The Federal Defense of Marriage Act (1996)**

이 법안은 줄여서 DOMA라고 하는데 현재까지도 그 위헌 여부에 대한 논의가 지속되고 있는 쟁점 사안 중의 하나이다. 연방 의회는 DOMA에서 동성 간의 결혼(Same-Sex Marriage)은 다른 주에서 적법하게 인정되었다고 하더라도 반드시 이를 준수하지 않아도 된다고 하였다. 즉, 동성 간의 결혼 승인 여부는 신뢰와 신용 조항(Full Faith and Credit)이 적용되지 않는 해당 주 정부의 결정에 달린 예외적인 사안이라고 한 것이다. 현재까지 내려진 여러 판결이 일치하지 않고 있지만, 최근의 판결인 US v. Windsor(2013)에서는 연방 대법원이 DOMA의 동성 결혼에 대한 정의(Definition)인 'a marriage as the union of different sex couple'에 대해 위헌 판결을 내렸으므로 새로운 법안의 제정이 시도되고 있는 중이다.

*** The Uniform Child Custody Jurisdiction and Enforcement Act (1997)**

NCCUSL이 제안한 또 다른 법안으로 미국의 49개 주가 입법화하였다. The Uniform Interstate Family Support Act와 유사한 법안으로 최초의 양육권 판결을 내린 법원이 사건에 대한 지속적이고 배타적인 사법권을 유지할 수 있도록 하였으며, 다른 주에서도 해당 법원의 판결을 준수하도록 하였다.

4. 미국 민사 소송(Civil Procedure)의 소개

소송을 제기한 법원이 연방 법원인지 주 법원인지, 또 어떤 주의 법원인지에 따라 소송 절차와 요구 사항이 틀리다. 따라서 여기에서는 민사 소송의 중요 개념들에 대해서만 다루기로 한다. 해당 법원이 요구하는 소송 진행 절차를 제대로 지키지 못 할 경우 법원은 소송을 각하시킬 수도 있고, 드물게는 본안 판결 없이 동일한 소송을 다시 제기하는 것을 금지시킬 수도 있으므로 정확한 이해가 필요한 사안이다.

[1] 원고(Plaintiff)의 소송 진행 절차

원고가 사법권 관할 문제 등을 면밀히 검토하여 소송을 제기할 법원을 정하고 소송을 개시하는 것을 소송의 제기(Commencement)라고 하는데 여기에는 소송 접수 관련 필요 경비의 납부(Fee)와 사건 번호(Case Index Number)를 부여받는 것 등이 모두 포함된다.

원고가 법원에 제출하게 되는 최초의 소장을 Process라고 하는데 Process는 피고의 법정 출두를 요청하는 소환장(Summon)

과 사건의 개요를 밝히는 소장(Complaint)을 포함한다. 최근에는 주로 소환장과 소장을 합쳐 제출한다.

소환장은 그야말로 원고가 피고에게 어떤 법원에서 소송이 개시되었다는 것을 알리는 통지서(Notice)이고, 소장은 법적 관할권, 사건의 개요, 본 소송을 통해 원고가 요구하는 배상 내용 등을 담은 것이다. 그런데 소환장만으로는 적절한 소송 개시를 위한 최초 소장이 될 수 없고(Naked Summon) 법원에서는 소환장만으로 소송 청구를 받아들이지 않는다. 또한 원고는 법원에 소송을 개시하면서 Process를 법이 정한 방법에 따라 피고에게 통지하여야 한다.

[2] 소환장의 전달(Service of Process)

피고한테 소장을 전달하는 방법은 연방 법 및 각 주 법에 따라 조건이 다양한데, 일반적으로 원고가 피고에게 직접 전달하는 방법은 허용되지 않고 법원의 허가를 받은 개인(Licensed Individual)이나 관할 지역 보안관(Sheriff) 등 제3자에 의한 전달만을 인정한다. 최근에는 등기 우편(the 1st Class Mail)으로 소장을 전달하는 것이 주된 전달 방법이다. 다만, 등기 우편이 피고인에게 정확히 전달되었음을 원고는 입증해야 한다.

전통적으로 소장 전달은 피고 당사자에게 직접 전달하거나 (Personal Delivery), 아니면 피고의 거주지의 성인에게 전달하면서 동시에 우편으로 피고에게 발송하는 방법이 있다.(Leave and Mail) 소장을 전달 받을 수 있는 성인의 최소 연령 역시 해당 법에 따라 다르다.

우리가 미국 영화에서 흔히 보는 방법 중 하나로 소장을 피고의 거주지 현관이나 대문에 붙여 놓고 가기도 하는데, 이를 Nail and Mail이라고 한다. 이 방법은 피고의 거주지나 직장을 여러 차례 방문하였으나 소장 전달이 어려울 시 취하는 비상 수단이다. 이러한 상황을 법원에 납득시키고 또한 소장을 우편으로 거주지나 직장에 우편으로 발송한 경우에만 유효한 것으로 인정 받는다.

아예 피고의 거주지나 직장이 불분명 할 경우에는 판사를 찾아가 소장 전달을 위한 특별 수단(Expedient Service)을 의논하여 승인을 받기도 한다. 예를 들어 특정한 신문 매체 등에 반복하여 소장을 개제하는 수단 등이 있다.

[3] 피고(Defendant)의 소송 대응

일단 원고의 소장을 법이 정한 바에 따라 피고가 전달받았다면, 피고는 원고의 청구에 대한 답변서(Answer)를 준비하여야 한다. 답변서는 소송이 제기된 법원과 원고에게 전달되어져야 하는데, 소장의 전달과 동일한 방법으로 전달하는 것이 대부분이다.

답변서를 통해 피고는 원고의 주장을 부인할 수도 있고(Denial), 여러 가지 법적 이론에 근거해 자신의 주장을 방어할 수도 있고(Defense), 또는 원고를 맞고소하거나(Counter-Claim), 제3자에 대한 교차 청구(Cross-Claim)를 포함시킬 수도 있다.

*** 인정 방어**(Affirmative Defense)

피고의 방어 수단 중 인정 방어(Affirmative Defense)는 말 그대로 원고의 주장은 인정(Affirmative)할만 하지만 다른 여러 가지 법적 이유로 인하여 소송을 각하시켜 달라는 주장이다. 예를 들면, 원고의 주장이 소송을 제기 할 수 있는 기한(Statute of Limitation)을 이미 지났다든가, 또는 원고에게 빚을 갚아 채무 관계를 이미 청산했다든가 하는 주장들이다. 특히 채무 문제의 경우 피고가 이미 파산 법원(Bankruptcy Court)에 파산 신청을 하였다면 이를 근거로 인정 방어를 주장할 수 있다.

원고가 최초 소장을 제출하고 피고가 이에 대한 최초 답변을 하였다면 이 그 이후의 소송 서류들은 중간 서류(Interlocutory Paper)라고 하며, 일반 우편으로 전달이 가능하다. 피고와 원고는 최초 소장과 답변서를 수정할 수 있는데, 해당 법에 따라 수정 횟수가 틀리다. 연방 법 상에는 연방 소송 절차인 FRCP(Federal Rules and Civil Procedure)에 전반적인 소송 진행 절차가 규정되어 있다.

[4] 법원 명령 신청(Motion)

Motion은 해당 법원에 특정한 명령(Order)을 요청하는 것으로 판사에게 구두 또는 서면으로 요청 가능하며, 판사는 이를 검토하여 명령 신청을 받아들이거나 또는 기각하기도 한다. 자세한 신청 절차는 명령 신청 종류에 따라 다르다. 명령 신청은 일종의 중간 서류(Interlocutory Paper) 중의 하나로서 원고나 피고 모두 신청 가능하고 상대방에게 반드시 이를 통지하여야 한다.

다만, 사건의 피해가 현재 진행 중이거나 긴박한 상황인 경우 일방은 상대방에 대한 통지 없이 판사에게 명령 신청을 하기도 하는데, 이를 일방에 의한 명령 신청(EX Parte Motion)이라고 하며 일시적인 금지 명령(Temporary Restraining Order)등이 이에 속한다. 가장 중요한 법원 명령 신청은 약식 판결 명령 요청

(Motion for Summary Judgment)과 소 각하 명령 요청(Motion for Dismiss)이 있다.

*** 약식 판결 명령 요청**(Motion for Summary Judgment)

증거가 불충분하다든가 또는 증거가 너무 확고하니 소송을 심리할 필요 없이 판사가 바로 최종 판결을 내려달라는 요청이다. 약식 판결 신청은 원고나 피고 모두 신청이 가능한데, 제기된 소송의 본격적 심의가 시작되기에 앞서 담당 판사에게 요청해야 한다. 담당 판사는 약식 판결을 요청한 측이 제출한 증거들을 검토하고 이를 받아들여 바로 보상 금액을 판결할 수도 있고, 아니면 요청을 기각하고 재판을 예정대로 진행하기도 한다.

*** 소 각하 명령 요청**(Motion for Dismiss)

약식 판결 신청은 원고나 피고가 증거(Evidence)의 확실성 유무를 가지고 공판 없는 판결을 요청하는 것이다. 반면, 소 각하 명령 요청은 피고만이 제기할 수 있는 것으로 재판을 진행할 필요가 없다는 주장이다. 피고는 원고의 주장을 모두 부정할 필요는 없으며 다양한 근거로 판사에게 소 각하 요청을 할 수 있다. 앞에서 설명한 인정 방어(Affirmative Defense)도 여기에 포함될 수 있다. 예를 들어, 재산 상속 분쟁 소송에 실제 유언장(Documentary Evidence)이 존재한다든가, 원고가 소송을 제기할 수 없는 신분(No Legal

Capacity)이라는 것을 증명한다든가, 원고의 주장이 법적 실체가 없다(No Cause of Action)는 주장 등 여러 가지 경우가 있을 수 있다.

[5] 소송 제기 기한(Statute of Limitation)

소송의 제기는 해당 법이 정해 놓은 기간 안에 제기해야 재판의 진행이 가능하다. 너무 오랜 시간이 경과 후에 소송을 제기하게 되면 가능한 증거가 이미 사라지거나 변경되었을 가능성이 높다. 소송에 동원될 가용 증거가 모호해진다는 것은 판결의 정확성을 낮추기 때문에 소송을 제기할 수 있는 기한을 법률로 정할 필요가 있는 것이다. 피고는 앞에서 언급한 인정 방어(Affirmative Defense)의 수단 중 하나로서, 원고의 주장이 이미 소송의 제기 기한을 지났음을 주장할 수 있다. 소송을 제기할 수 있는 기한은 사건의 유형에 따라 다르며, 연방 정부 혹은 해당 주마다 다르게 정해져 있다.

일반적으로 소송 제기 기한의 시작은 실질적인 손해가 발생한 날(Injured Date)로 한다. 예를 들어 교통 사고를 당해 신체적인 부상을 입었다면 그 사고가 발생한 당일(Accident Date)이 소송 제기 기한의 시작일이 되며, 개인 소유 동산(Personal Property)이나 부동산(Property)이 피해를 입었다면 그 피해(Damage)

를 당한 일부터 소송 제기 기한이 시작된다. 또한 계약의 파기(Breach of Contract)의 경우는 그 계약이 파기된 날부터 소송 제기 기한이 시작된다.

피해자가 재산 상의 손실이나 신체적인 피해를 뒤늦게 인지(Acknowledge)하였거나 발견(Discovery)하였을 경우라도 소송 제기 기한은 피해를 입은 날부터 계산되어져야 한다. 그러나 연방 정부와 주 정부들은 관련 법을 입법화하여, 소송 제기 기한의 경과를 피고가 함부로 남용하지 못 하도록 하는 노력을 기울여 왔다. 간단히 뉴욕 주의 주요 유형 별 소송 제기 기한을 예를 들어 살펴보면 다음과 같다.

* **부주의(Negligence)**로 인한 교통 사고 사건은 사고일로부터 3년 안에 소송을 제기하여야 한다. 만약 피해자가 임산부였다면 태아에 대한 피해 소송은 태아가 출생한 경우 출생일로부터 3년 이내, 태아가 사고로 인해 사망하였다면 사고일로부터 3년 안에 소송을 제기하여야 한다.

* **의료 과실(Medical Malpractice)**로 인한 피해 소송은 피해 발생일로부터 2.5년이 소송 제기 기한이며 대체적으로 의료 시술을 받은 날(Operation Date)이 된다. 그런데 시술의 부작용으로 동일한 의사로부터 계속 치료(Treatment)를 받아 왔다면 그 치료가 끝난 날부터 소송 제기 기한이 시작된다.

의료 과실(Medical Malpractice)에 대한 소송은 피해자가 성인일 경우는 피해일로부터 2.5년이 소송 제기 기한이 되지만, 미성년인 피해자는 피해일로부터 10년 안에 소송을 제기하면 된다.

* **전문가 과실(Professional Malpractice)**은 회계사, 변호사, 공인 기술자 등을 대상으로 한 소송에서 전문가가 제공한 서비스의 종료일(Termination of Service)을 소송 제기 기한의 시작일로 한다. 의료 과실의 경우와 마찬 가지로 서비스 종료 후에도 지속적인 관련 자문(Consult)을 제공 받았다면 자문이 끝난 일부터 소송 제기 기한이 시작된다.

* **환경 오염 물질(Toxic Exposure)**로 인한 중독은 환경 오염 물질에 인간이나 개인 재산(토지 등)이 노출되었어도 그 피해가 축적되어 단기간에 나타나지 않는 경우가 많다. 소송 제기 기한은 3년이며 그 시작일은 유독성 물질에 노출된 날(Exposure Date)이 아니고 유독성 물질에 의한 중독을 발견한 날(Discovery Date)이다.

* **피해자가 미성년자(Minor)일 경우**는 두 가지 선택권이 있다(뉴욕 주에서는 법적으로 18세 미만을 미성년자라고 한다). 피해를 입은 미성년자의 법정 대리인(Representative)이 미성년자를 대신하여 소송을 제기하여도 되는데, 이 경우 원 소송의 제기 기한을 따른다. 또는 미성년자가 18세가 되기를 기다려 소송을 제기할 수도 있다. 후자의 경우 소송 제기 기한은 18세가 된 날부터 시작한다.

[6] 사물 관할권(Subject Matter Jurisdiction)

앞에서 설명한 바와 같이 연방 법원의 사물 관할권(Subject Matter Jurisdiction)은 연방 문제(Federal Question) 관련 사건에 대한 사물 관할권, 서로 다른 주의 주민들 간의 사건에 대한 사물 관할권(Diversity Jurisdiction), 그리고 연방 의회가 특정 사건만을 심리할 수 있게 제한한 특수 법원의 독점적이고 한정적인 사물 관할권 등이 있다.(Exclusive and Limited Jurisdiction)

주 법원의 경우에는 주 법률의 적용과 해석에 있어 주 법원의 사물 관할권(Subject Matter Jurisdiction)은 무제한적이어서 이를 일반 사물 관할권(General Jurisdiction)이라고 한다. 즉, 주 법원은 민사 소송(Civil Case)과 형사 소송(Criminal Case)을 포함한 모든 형태의 소송에 대한 판결을 내릴 수 있으며, 소송 최고 가액도 무제한이며, 구제 수단 역시 금전적일(Monetary Relief) 수도 있고 형평법(Equity Law)에 근거한 수단일 수도 있다.

앞에서 뉴욕 주의 사법 시스템에 대해 설명한 바 있다. 뉴욕 주에는 뉴욕 삼심 법원 외에 Local Court들이 별도로 설립되어 있지만 이들 중 가장 상급 법원인 카운티 법원(County Court)도 사건 최고 가액이 미화 2만 5천 불로 제한되어 있다. 또한 뉴욕 주에 설립된 Local Court와 뉴욕 주 특수 법원들이 내린 판결의 경우에도 뉴욕 주법이 정한 바에 따라 항소 시 뉴욕 주 하급 법원(NY Supreme Court)나 중급 법원(NY Appellate Division)이 심리하도록 되어 있다.

[7] 대인 관할권(Personal Jurisdiction)

사물 관할권(Subject Matter Jurisdiction)이 법이 허가한 법원의 소송에 대한 관할권이라면 대인 관할권(Personal Jurisdiction)은 법원의 소송 당사자들에 대한 관할권이다. 예를 들어 서로 다른 주민 간의 사건에서 연방 법원에게 사물 관할권이 있다고 판단 되었을 시에는, 다음 문제는 원고가 소송을 제기한 사건 담당 법원(Forum State)이 피고에게 본 법원으로 출두를 명령하는 것이 정당한가에 대한 문제인 것이다.

미국에서 대인 관할권(Personal Jurisdiction) 문제는 역사적으로 사법 제도가 정당하고 공평하게 운영되는 척도로서 간주되어 왔다. 예를 들어, 하와이 주 법원이 사건의 피고인인 뉴욕 주민에게 출두를 요구할 경우, 피고가 법정에 출두하기 위해 뉴욕에서 하와이까지 오는 여정은 쉬운 일이 아니었기 때문이다. 이에 대한 법적 근거로는 수정 헌법 제5조와 제14조의 적법 절차조항(Due Process)을 제시할 수 있다. 적법 절차 조항은 피고를 불공평하고 불편한 법적 소송으로부터 보호하고 있다.

> "...nor shall any State deprive any person of life, liberty or property, without due process of Law;...." (the 5th Amendment), (the 14th Amendment)

일반적으로 소송과는 전혀 관련이 없는 이유로 피고가 소송이 제기된 주를 방문 시 소송장을 전달 받게 되는 경우에도 대인 관할권(Personal Jurisdiction)이 성립되는데, 이를 주 경내에 실재(Physical Presence)한 경우라고 한다.

또한 개인의 경우, 앞에서 설명한 바와 같이 피고의 법적 우선 거주지(Domicile)에 위치한 법원은 피고에 대한 대인 관할권(Personal Jurisdiction)을 가지게 된다. 예를 들면 뉴저지 주의 원고가 뉴욕 주의 피고를 뉴욕 주에 위치한 법원에서 소송을 제기하는 경우이다.

회사의 경우도 마찬가지여서, 회사가 설립 등록(Incorporated)을 한 주는 회사의 법적 소재지(Domicile)가 성립된 것으로 간주된다. 또는 다른 주에서 회사 설립을 하였어도 소송이 제기된 주에 영업 허가(License)를 등록한 경우라면, 해당 주는 그 회사에 대한 대인 관할권(Personal Jurisdiction)을 가진다. 다음의 판례들을 통해 대인 관할권(Personal Jurisdiction) 문제를 설명하도록 하겠다.

***** International Shoe v. Washington (1945) *****

International Shoe Company는 델라웨어 주에 설립 등록을 한 신발 제조 업체로 본사(Headquarter)는 미조리(Missouri) 주에 위치하고 있었다. 당시 워싱턴(Washington) 주는 실직자들을 위한 특별 세금(Special Taxation)을 기업에게 징수하고 있었는데, 워싱턴 주에 영업 허가를 신청하지 않았던 International Shoe Company는 실직자 세금을 납부하지 않고 있었다. 워싱턴 주 정부는 International Shoe Company에 밀린 세금을 받기 위한 소송을 워싱턴 주 법원에 제기하였고, 소장은 International Shoe Company의 영업 사원에게 전달되었다.

소송에서 International Shoe Company는 자신들은 워싱턴 주에 회사를 등록한 적도 없기 때문에 워싱턴 주와 특별한 연관이 없으며, 따라서 워싱턴 주 법원이 대인 관할권(Personal Jurisdiction)을 결여하고 있다고 주장하였다. 당시 International Shoe Company는 워싱턴 주에 지사(Branch)를 별도로 설립하여 운영하지는 않고 다만 영업사원을 모집하여 제품을 공급하고 있었다. 즉, 영업 허가도 없고 지사도 설립되어 있지 않은 멀리 떨어진 주에서(워싱턴 주는 미국 서부 해안 지역이며 미조리 주나 델라웨어 주는 미국 동남부에 위치한다.) 소송 출석을 요구한 것은 부당하다는 것이었다.

연방 법원은 International Shoe Company가 워싱턴 주 내에 영업 사원들을 모집하여 영업을 위한 미팅을 열고 전시 공간을 마련하였기 때문에 International Shoe Company와 워싱턴 주 사이에는 최소한의 접촉(Minimum Contact)이 존재한다고 보고 법원의 출두 요구는 정당하다고 판결하였다.

회사법(Corporation Law) 파트에서 본격적으로 설명할 것이지만, 해당 주에 회사가 설립 등록된 경우는 Domestic Corporation이라고 하고, 다른 주에 설립된 회사가 영업 등록을 한 경우는 Licensed Foreign Corporation이라고 한다. 이 사건에서 International Shoe Company는 영업 허가가 없는 Unlicensed Foreign Corporation이다. 따라서 이런 경우에는 회사의 법적 소재지(Domicile)로 인한 대인 관할권이 성립되지 않는다. 대신 법원은 일회성이 아닌 지속적인 통상 활동(Continuous Commercial Activity)의 유무를 검토하게 된다.

***** Worldwide Volkswagen Corp v. Woodson (1980) *****

이 사건은 앞의 International Shoe Company 판례와 함께 최소한의 접촉(Minimum Contact) 이론을 이해하는 데 중요한 사건이다. 뉴욕 주민인 원고가 운전하는 차가 오클라호마(Oklahoma) 주에서 추돌 사고를 당했고 이로 인해 차량에 화제가 발생하였다. 이에 원고가 자동차 제조업자인 폭스바겐(Volkswagen), 차량 수입업체인 미국 폭스바겐 지사(Volkswagen of America), 뉴욕 주의 폭스바겐 도매업체(Distributor)와 소매업체(Retailer)를 대상으로 차량 결함에 대한 피해 보상을 오클라호마 주 법원에 제기하였다.

도매업체와 소매업체는 뉴욕 주 외에 폭스바겐 차량을 판매한 적도 없고, 어떠한 통상 활동도 오클라호마 주에서 영위한 적이 없기 때문에 오클라호마 주 법원이 대인 관할권(Personal Jurisdiction)을 결여하고 있다고 주장하였다. 반면, 자동차 제조업자인 폭스바겐과 미국 전역에 폭스바겐을 공급하는 미국 폭스바겐 지사는 이 대인 관할권(Personal Jurisdiction) 심사 요청에 참여하지 않았다. 최소한의 접촉(Minimum Contact)에 의한 대인 관할권(Personal Jurisdiction)은 피고의 지속적인 통상 활동에 주목을 하게 된다. 이 사건은 피고가 소송이 제기된 주에 지속적인 통상 활동조차 없는 경우이다. 따라서 연방 법원은 도매업체와 소매업체에 대한 대인 관할권을 인정하지 않았다.

효력 확장 법(Long Arm Statute)은 지속적인 연관성은 없지만 한 번이라도 의미 있는 행위가 소송이 제기된 주에서 행해졌다면, 그 주에 위치한 법원이 대인 관할권(Personal Jurisdiction)을 가진다고 인정하고 있다. 효력 확장 법(Long Arm Statute)은 기존의 최소한의 접촉(Minimum Contact)보다 더 광범위한 대인 관할권(Personal Jurisdiction)을 인정하고 있는 것이다. 예를 들자면, 뉴욕 주의 원고는 뉴저지 주의 피고에 대해 캘리포니아 주에서 맺은 계약의 파기(Breach of Contract)로 인한 손해 배상 소송을 캘리포니아 주 법원에 제기할 수도 있다. 이 경우 만약 계약 파기가 아니라 피고가 부주의(Negligence)로 교통 사고를 일으킨 것이라고 해도 원고는 캘리포니아 주 법원에 손해 배상 소송을 제기할 수 있는 것이다.

[8] 재판 관할지역(Venue)

앞에서 살펴본 사물 관할권(Subject Matter Jurisdiction)과 대인 관할권(Personal Jurisdiction)이 확립되면, 피고는 재판을 진행하기 위해 아무리 멀리 떨어진 곳이라도 재판을 위해 출두를 해야 한다.

반면 재판 관할 지역(Venue)은 사법적 관할권과 전혀 관계가 없고 다만 피고의 편의(Convenience)를 봐 주기 위한 지리적인 쟁점 사안이다. 따라서 사물 관할권과 대인 관할권에 문제가 없는 경우 그 다음으로 논의가 될 사안이기도 하다. 쉽게 말해 어떤 사건에 대해 뉴욕 주의 연방 법원이 사물 관할권과 대인 관할권을 모두 가지고 있다고 하면, 같은 뉴욕 주에도 4개의 연방 지방 법원이 위치하니 그 중 어떤 법원이 재판 진행에 편리한지 고려해 보는 것이다. 뉴욕 주 법원에 제기된 소송의 경우도 62개의 카운티 법원이 있으므로 역시 선택의 여지가 있는 것이다. 그런데 다른 한편으로는 재판 관할 지역 문제는 중요한 공평성(Fairness)의 문제이기도 한다. 왜냐하면 멀리 떨어진 법원에서 소송을 당하게 되면 재판을 진행하기 보다는 되도록이면 합의를 보는 것이 편하다고 생각하기 마련이다.

연방 소송 절차인 FRCP(Federal Rules and Civil Procedure) 제28조 1391항에는 재판 관할 지역선택이 편리하고 공정한 원칙에 입각해야 한다고 하였다. 연방 소송 절차에 의하면 재판 관할지는 피고의 거주지(Domicile)가 있는 지역, 사고가 발생된 지역(Accident), 또는 부동산이 위치하고 있는 지역이 재판 관할 지역이 된다.

피고는 사건의 담당 판사에게 부적절한 재판 관할 지역(Forum non Convenience)을 이유로 사건 이송 명령을 신청할 수 있다. 그러면 연방 지방 법원은 소송 당사자 및 증인의 편리성과 주요 증거의 접근 편리성 등을 고려하여 다른 연방 지방 법원으로 사건의 이송을 명할 수가 있다. 반대로 원고는 이러한 피고의 주장에 반대 신청을 할 수 있다. 사건 이송 명령은 순전히 판사의 재량에 따른 것으로, 특히 판사는 피고의 요청 없이도 스스로 사건 이송을 명할 수 있는데 이는 연방 법원에서는 매우 드문 일이다.

또한 앞에서 말한 바와 같이 재판 관할지 문제는 사법적 관할 문제가 아니기 때문에 판사가 소송을 각하할 경우라도 원고는 동일한 소송을 다른 법원에 제기할 수 있다. 그러나 부적절한 재판 관할을 이유로 사건이 각하된다면 시간과 비용에 큰 손해를 보게 된다.

[9] 집단 소송(Class Action)

집단 소송은 현재 미국에서 가장 흔한 소송이 되고 있다. 최근 우리 나라 언론에 가장 많이 보도되는 집단 소송은 미국에서 판매된 현대 자동차를 구매한 소비자들이 과대 연비 표기를 문제로 현대 자동차에 제기한 집단 소송일 것이다. 이처럼 집단 소송은 법원이 승인한 개인이나 또는 소수의 집단(Small Group)이 더 큰 집단의 이익을 대표하여 제기하는 소송을 말한다. 현대 자동차 소유주들처럼 집단 소송을 통해 금전적 피해 보상(Damage)을 요구할 수도 있고, 아니면 직장 내 성차별 등 불합리한 행위나 관행의 강제 중단(Injunction)을 요구할 수도 있다.

연방법에 의한 집단 소송을 제기하기 위한 조건들은 다음과 같다. 먼저 대표하고자 하는 집단이 충분히 커서 개개인들이 수천 수백의 동일한 개별적인 소송을 제기하는 것은 법원 행정에 비경제적이어야 한다. 또한 그 집단에 소속된 모든 개개인이 동일한 사고나 피해(Same Occurrence)로부터 동일한 법적 구제(Same Claim)를 요청한 경우에만 가능하다. 또한 집단을 대표하는 원고(Representative)는 그 집단의 이해를 대변하는 데 어떠한 결격 사유가 있어도 안 된다.

"(b)(3) the court finds that the questions of law or fact common to the members of the class predominate over any question affecting only individual members, and that a class action is superior to other available methods for the fair and efficient adjudication of the controversy..." (FRCP Rule 23 (b))

집단 소송은 다수를 소송 당사자로 하는 만큼 소송 진행에 해당 판사가 적극적으로 개입한다. 집단 소송의 원고는 집단(Class) 성립을 판사로부터 승인 받아야 하며, 집단을 대표하는 변호인들도 법정 대표인으로 판사의 승인을 받아야 한다. 만약, 원고와 피고가 합의(Settlement)에 이른다고 해도 판사는 이 합의가 일부 구성원들의 이익을 침해하지 않는지 검토하고 승인할 권한을 가진다. 법원에 의해 내려진 판결이나 합의는 집단 소송에 참가한 원고들에 대해 법적 구속력이 있다.

[10] 중재(Arbitration)

중재는 사건 당사자들이 동의한 중립적인 제3자에 의한 분쟁 해결 방식이다(A Method of Resolution). 중재 제도는 법원 밖에서 당사자가 분쟁 해결을 하도록 장려하는 제도이기 때문에 공공의 이익에 매우 부합되는 제도이다.

연방 의회는 1925년 연방 중재 법안(Federal Arbitration Act)를 제정하였으며, 이에 의하면 사건 당사자가 중재를 해결 방법으로 선택한 이상 그 중재 결과를 따라야 한다고 규정하였다. 그런데 초기에는 이 중재 제도가 법원의 사법권을 약화시킨다는 우려가 있었다. 연방 의회는 중재 제도는 주간 통상 활동(Interstate Commerce)의 일부이며 연방 의회가 이에 대한 제정 권한을 가진다고 선언하였다.

법원은 중재 결과에 대해서만 심리할 수 있으며 중재 과정에 참여할 수는 없다. 다만, 법원은 아주 드물게 중재인이 매우 편파적(biased)이거나, 중재 과정에 부패(Corruption), 사기(Fraud) 행위 등이 발견될 시에만 중재 결과에 대한 항소를 받아들여 중재 결과를 무효화할 수도 있다.

만약 사건 당사자가 중재를 통한 사건의 해결을 바라지 않는다면 법원에 소송을 제기할 수도 있다. 그러나 일단 분쟁 발생

이전에 양자가 중재에 합의한 바가 있고 계약서에 분쟁 해결 방식으로 제3자에 의한 중재를 이용하기로 명기 하였다면, 법원은 계약서의 중재 조항만을 검토하여 중재를 진행해야 될지를 결정한다. 기본적으로 법원은 중재 제도를 선호하는 입장이기 때문에 중재 조항 자체를 무효화하는 것은 어려운 일이다.

[11] 임시적 구제 수단(Provisional Remedies)

한국과 마찬 가지로 미국에서도 일단 소송이 제기되고 법원이 소송 청구를 받아들여 심리가 시작되면 판결이 나기까지 오랜 시간이 걸린다. 판결이 나기까지 현재 진행 중인 피해로 인해 소송 당사는 손해와 고통을 계속 받을 수밖에 없다. 만약 해당 법원이 이를 인지하여 침해 받고 있는 피해자의 손해와 고통을 막고 그 권리를 보호해야 할 필요성을 느낄 경우 임시적 구제 수단(Provisional Remedies)을 제공할 수 있다. 따라서 임시적 구제 수단들은 앞에서 언급한 형평법(Equity Law)적인 구제 수단으로 볼 수 있다.

임시적인 구제 수단을 법원에 신청하여 판사가 이를 받아들이게 되면 상대방의 입장에서는 판결이 나오기 전까지 소유권 이전을 못 하는 등의 불이익을 당하게 된다. 원고가 패소하게 되면 피고는 이에 대한 손해 배상을 청구할 수도 있는데 이를 위해 법원에서는 임시적인 구제 수단을 신청한 측에서 소송 가액의 일부를 공탁금(Bond)으로 걸어 두는 제도를 운용하고 있다.

*** 최종 판결 이전의 잠정 금지 명령**(Preliminary Injunction)

법원은 판결을 통해 영구 금지 명령(Permanent Injunction)을 내릴 수가 있다. 반면 정식 판결이 내리기 전까지만 유효한 잠정 금지 명령(Preliminary Injunction)은 임시적 구제 수단이라고 할 수 있다. 잠정 금지 명령은 법원이 소송이 심리 중일 동안 현재의 상태를 유지하라는 명령이다. 이는 소송 당사자들이 반드시 따라야 할 법원의 의무적인 명령이다. 강제 명령 수단들은 관습법과 판례법에서 파생된 것이지만, 현재는 연방 의회에 의해 입법화되어 미합중국 법령집(USC) 제28조나 민사소송 연방법규(Federal Rules of Civil Procedure) 제65조에서 찾을 수 있다. 잠정 금지 명령은 재판 진행 중 현재의 상태를 유지하라는 명령으로, 예를 들어 토지에 대한 소유권 분쟁의 경우 피고가 그 토지를 제3자에 양도하거나 매각하는 등의 소유권 이전을 재판 기간 중에 금지하기 위한 조치인 것이다.

*** 임시 금지 명령**(Temporary Restraining Order)

잠정 금지 명령의 경우는 원고가 판사에게 명령 요청을 하고 피고에게도 이를 통지하여야 한다. 따라서 피고는 판사에게 원고의 요청이 부당하다는 반대 요청을 할 수 있으므로 법원이 명령 요청을 받아들이기까지 시간을 벌 수가 있다.

임시 금지 명령은 법원이 원고가 신청한 잠정 금지 명령(Preliminary Injunction)을 내리기 전까지 효력을 지닌 구제책이다. 임시적인 금지 명령은 피고에 대한 통지 없이 원고가 판사에게 명령 신청을 하는 것이 가능하며, 이 경우 판사가 금지 명령을 즉각 내려야 될 필요성이 있다고 판단하면 내리는 명령이다. 다만, 판사는 명령을 내린 후 사건 당사자들을 불러 각자의 주장을 들어야 하는데 피고는 이 자리에서 명령의 부당성을 주장할 수 있다.

* **임시 법정 관리**(Temporary Receivership)

잠정 금지 명령(Preliminary Injunction)이나 임시 금지 명령(Temporary Restraining Order)은 법원이 재판이 진행되는 동안 현재 상태를 유지하라는 명령이다. 임시적 법정 관리는 현 생태를 유지하되 그 역할을 법원이 지정한 제3자의 법정 관리인(Receiver)에게 맡기는 경우이다. 제3자에 의한 법정 관리도 역시 형평법에 의한 구제 수단으로 볼 수 있다. 임시 법정 관리의 신청 절차는 잠정 금지 명령의 신청과 동일하다.

* 예를 들어 피고가 현재 소유하고 있는 기업체의 소유권 분쟁이 일어 났을 경우, 원고는 피고가 회사의 자산을 매각한다거나 주식을 발행하는 등의 활동으로 회사의 가치를 훼손할 것을 우려할 수 있다. 또한 피고는 이러한 자신의 행동을 정상적인 경영 범위(Ordinary Course of Business)라고 주장할 수 있기 때문에, 판사는 제3자를 관리인으로 선임하여 재판 기간 동안 회사의 관리를 맡기게 된다.

*** 동산 반환**(Replevin)**을 위한 동산 압류**(Seizure of Chattel)

Chattel은 개인 소유의 동산을 말하는데 Personal Property라고 하며, 대개 부동산(Real Property)를 제외한 나머지를 말한다. 미국에서 흔히 Property라고 하면 주택, 건물 등을 말하는 것이며 Property Law에서도 부동산에 대한 법률만을 다룬다. 동산에 대한 반환 명령을 Replevin이라고 하는데 원주인이 동산을 돌려받기 위해 제기한 소송을 말한다.

예를 들면 친구에게 빌려 준 자동차를 돌려 받는 소송이 이에 해당된다. 동산의 경우도 재판이 진행되는 동안 가치를 훼손 당할 수도 있고 소유권이 제3자에게 넘어 갈 위험도 있다. 이 경우 원고는 재판 진행 중 유효한 동산 압류(Seizure of Chattel) 명령을 신청할 수 있다. 동산 압류 명령 신청이 받아들여 지면 해당 동산은 법이 정한 절차에 따라 압수(Impoundment)되고, 판결이 내리기까지 해당 법원이 이를 보호(Legal Custody)하게 된다.

*** 소송 보류 상태 통지**(Notice of Pending)

소송 보류 상태 통지는 부동산에만 해당되는 것으로, 해당 부동산에 대한 권리 소송이 진행 중일 경우 원고가 해당 부동산의 등기소에 가서 소송이 진행 중임을 기록으로 요청하는 것이다. 즉, 부동산을 구입하려는 사람과 대출을 고려하는 금융권에게 소송의 판결에 따라 원고가 권리를 행사할 것임을 알리는 것이다. 등기소에 기록을 올리는 것이므로 해당 법원의 명령이나 공탁금의 기탁이 필요가 없다. 다만, 피고는 소송 보류 통지가 설정되어 있는 것을 발견할 경우 판사에게 가서 이를 취소해 달라는 요청을 할 수 있다. 소송 보류 통지는 연장이 가능하지만 법원의 연장 명령(Extension Order)을 받아야 한다.

*** 가압류 명령**(Provisional Attachment)

가압류 명령은 소유권(Ownership)을 위한 것이 아니고 금전적 보상(Monetary Compensation)을 위해 피고의 동산 및 부동산을 압류하는 것으로, 채무자가 재산을 처분하는 것을 막음으로써 재판 결과에 따라 확보될 원고의 권리를 보호하는 장치이다. 가압류 명령은 반드시 법원의 명령이 필요하며 채권자는 공탁금을 걸어 두어야 한다. 채무자는 가압류 명령에 대해 반대 신청을 할 수 있으며, 일방의 신청(EX-Parte Motion)으로 법원 명령이 내려진 경우에도 법원은 반대 신청을 위한 후속 공판을 반드시 열도록 하고 있다.

압류(Attachment)는 또한 특정한 동산이나 부동산에 설정되는 담보권의 우선 순위(Priority)를 결정하는 시점(Timing)의 문제이다. 일반적으로 일단 법원이 채권자의 압류 신청을 받아들이면 이 채권자는 나중의 유치권자(Lien Holder)보다 채무 변제에 대한 우선 순위를 가지게 된다. 우선 순위의 설정은 어음 관련법(Commercial Paper), 담보권과 관련된 담보 거래법(Secured Transaction), 개인 및 기업의 파산과 회생과 관련된 연방 파산법(Bankruptcy Law) 또는 채권 채무 관련 법 (Creditors and Debtors Relation) , 부동산 매매 거래와 임대를 다루는 재산법(Property Law), 주택담보대출 모기지 법(Mortgage) 등과 모두 관련이 있다.

유치권(Lien)은 법원의 명령에 의해 채무가 변제될 시까지 채무자의 재산에 생성되는 법적 권리를 말한다. 또한 Levy는 이러한 권리를 행사하는 행위로 추징 행위(Imposing Act)를 의미한다고 보겠다. 즉 유치권은 해당 재산을 처분할 시 채권을 변제받을 수 있는 권리이며 추징은 즉각적인 재산의 처분을 말한다. 제3자가 채무자의 동산을 소유하고 있는 경우, 예를 들어 채무자의 은행의 계좌, 봉급, 임대 수익 등 제3자가 소유한 채권에 대한 압류 명령은 Garnishment라고 한다.

[12] 보상의 청구(Compensation)

미국의 민사 소송(Civil Action)에서는 형평법(Equity Law)적인 강제 명령(Injunctive Relief)을 제외하고는 거의 모든 소송의 목적이 금전적인 손해 배상(Monetary Compensation)을 요구하는 것이다. 여기서는 유용한 금전적 손해 배상 청구의 기본적인 사항을 알아보도록 하겠다.

*** 면책과 전체 배상**(Indemnity)

Indemnity에는 전체라는 의미가 있다. 흔히 계약서 작성 시의 면책 조항을 Indemnity Clause라고 하는데, 어떤 계약 조건의 불이행이나 파기에 대해 일방이 전체 책임을 진다는 조항이고, 한편으로 다른 일방은 그 사항에 대해 전혀 책임이 없다는 조항이기도 하다. 따라서 Indemnity는 100%의 보상을 의미하며 가장 책임이 큰 측(Primarily Liable Party)에서 모든 손해 배상을 지급해야 될 의무가 있다는 규정이다. 그런데 이 면책은 고용주(Employer)나 고용인(Employee) 관계 또는 제품 하자(Defective Product)로 인한 손해 배상 등 적용 범위가 적다.

* 예를 들어, 소비자가 제품 하자로 인해 판매자(Retailer)에게 손해 배상을 청구하였고 승소하여 배상금 전액을 받았지만 사실 판매자는 문제 있는 제품을 판매한 이차적인 책임밖에 없다. 그래서 판매자는 제품 생산에 대해 일차적인 책임을 지는 제조업체(Manufacturer)에게 자신이 소송에서 지급한 배상금을 전부 물어내라는 소송을 제기할 수 있는데, 이를 전체 배상금 (Indemnity) 청구 소송이라고 한다.

*** 분담 배상**(Contribution)

분담 배상은 복수의 피고들이 배상금을 특정 비율로 분담(Sharing)하여 배상하는 것을 말한다. 복수의 가해자에 의한 과실로 인해 원고가 사고를 당하였으나 원고가 한 명의 가해자에게 보상금을 소송을 제기하는 경우가 있다. 그런데 저지른 과실의 중대성과 관계 없이 책임 있는 가해자들은 연대책임(Joint and Several Liability)이 있으므로 모두 100%의 피해 보상금을 부담해야 할 의무가 있다.

만약 원고가 승소하여 보상금을 받았다면, 패소한 피고는 다른 피해자에게 해당 과실만큼 보상금을 부담하라는 소송을 할 수 있다. 이럴 경우 법원은 비율 책임 부담(Comparative Degree of Fault)을 정하게 되는데, 예를 들어 두 명의 피고 모두 책임이 있고 A는 30%, B는 70%의 책임 부담이 있다고 판결하게 되면 100%의 보상금을 원고에게 지급한 A는 B로부터 원고에게 지급한 보상금의 70%를 받을 수가 있다.

원고가 A와 합의하여 소송을 취하하기로 하여 합의금을 받았지만 B에 대한 소송은 별도로 진행할 경우도 있다. 원고는 판결에서 정한 100%의 배상금 청구권이 있지만 피고들로부터 받은 전체 보상 금액이 판결 금액보다 더 많을 수는 없다.

* 예를 들어 다음과 같은 사건이 있다고 하자. C는 제품 하자로 인해 신체적 피해를 입었고 제조업체인 A와 판매업체 B가 모두 책임이 있다. C가 피해 보상 소송을 통해 청구한 배상 금액은 미화 100만불이다. 그리고 C는 소송에서 배상금 전액을 승소하였다.

a. 만약 C와 A가 소송 진행 중 80만 불에 합의를 보았는데 나중에 법원은 A의 과실 60%, B의 과실 40%를 판결하였다고 한다면, 원고 C는 전체 배상금에서 A가 낸 합의금을 제외한 금액인 20만불을 B에게 청구할 수 있다. A로서는 미리 합의를 본 것이 억울하겠지만 판결 이전에 강요 없이 이루어진 합의이기 때문에 합의금을 지급할 의무가 있다.

b. 반대로, A가 합의한 금액이 30만 불이었다면, B는 A의 합의금을 제외한 나머지 금액 70만 불을 모두 지급하여야 한다. 이 경우 A는 합의를 먼저 본 것이 보상에서 유리하게 작용한 것이다.

일부 주에서는 동일 비율 책임 부담(Equal Share of Contribution)을 도입하고 있는데, 피고 수로 나누어 동일한 보상금을 배상하도록 한 것이다. 예를 들어 피고가 A와 B 두 명이라면 배상 금액을 2분의 1을 나누어 부담하는 것이다.

* 분담 배상 청구 소송의 예외

모든 주에는 근로자 보상법이 제정되어 있는데 근로자 보상법(Worker's Compensation)은 분담 배상금 청구에 대한 예외 사항이다. 고용주(Employer)가 고용인(employee)의 보상을 위해 보험(Insurance)을 가입했거나 자금을 적립해 왔다면 사고 시에 이를 통해 정해진 보상금을 지급하는 대신 고용인은 고용주에게 소송을 통한 추가 보상을 요구할 수 없다.

제2장

비지니스 파트너십

Partnership Law

1. The Uniform Partnership Act(UPA)

The Uniform Partnership Act(UPA)는 1914년 NCCUSL에 의해 제안된 파트너십 관련 법안으로 이 후 미국의 모든 주가 채택하였다. 개정판 RUPA(the Revised Uniform Partnership Act)는 1997년 공표되었으며 현재 미국의 37개 주가 채택하고 있다.

2. 일반 파트너십(General Partnership)

[1] 일반 파트너십의 설립

*** 일반 파트너십의 주요 특성**(Nature of General Partnership)

일반적으로 Partnership은 General Partnership을 말한다. 미국의 파트너십을 우리 나라의 '조합'이라고 부르기에는 차이점이 있다. 2012년에 제정된 우리 나라의 협동조합기본법에 따르면 협동조합은 조합원의 편익 및 지역 사회 기여와 영리를 동시에 추구하는 만큼 조합원의 동질성이 필요하다. 반면 미국의 Partnership은 영리를 목적으로 하며 우리 나라의 '합명회사'가 미국의 파트너십과 가장 유사하다고 볼 수 있다. 그런데 우리 나라의 상법은 합명회사에게 법인격을 부여하고 있지만 미국의 파트너십은 법인격이 인정되지 않는 세법 상의 구분일 뿐이다. 미국의 Partnership을 합명회사라고 할지 조합이라 할지 고민하였으나, 이 책에서는 이러한 차이점들을 고려하여 파트너십으로 부르기로 하였다.

파트너십은 파트너(Partner)와는 별개로 존재하는 독립적 존재(Distinctive Entity)이다. 그러나 법적인 개체(Legal Entity)는 아니다. 연방 소득세법(Federal Income Tax)에 의하면 파트너십은 개인 사업자(Sole Practitioner)와 같이 분류되며 기업 소득세(Income Tax)에 대한 과세 대상에 해당되지 않는다. 파트너십이 과세 대상이 아닌 대신 파트너십에서 발생한 소득은 파트너에게 흘러 들어가(Conduit) 파트너의 소득으로 과세가 된다. "Check-the-box Election"은 법인으로 과세를 원할 경우 납세자가 체크하는 미국 국세청 IRS Form 8832의 서식을 의미한다. 만약 파트너가 법인으로의 과세를 선택하지 않을 경우 파트너십의 소득을 개인 소득에 합산하여 과세하게 된다.

기본적으로 파트너는 파트너십을 설립하면서 출자(Contribution)를 하고, 파트너십을 운영하면서 파트너십에서 발생한 손실과 이익을 분배(Distribution) 받게 된다. 아래서 보겠지만 파트너는 파트너십의 공동 소유자(Co-Owner)이며, 따라서 파트너십의 재산도 공동으로 소유한 것이 된다.

* **일반 파트너**(General Partner)**의 요건**

파트너십은 2명 이상의 개인(Person)이 사업 이익의 공유(Profit Sharing)를 위해 공동 소유자로서 결합하는 것이다. 일반 파트너십의 파트너들은 모두 일반 파트너(General Partner)로서 이익과 분배 및 책임을 모두 공유하며 이에 제한을 둔 유한 파트너(Limited Partner)와는 다르다.

"...the association of two or more persons to carry on as co-owners a business for profit forms a partnership..."(RUPA §202)

*** 파트너십에 참여할 수 있는 개인**(Person)

여기서 개인은 일반 개인(Individual), 회사(Corporation), 사업 신탁(Business Trust), 재단(Estate) 일반 신탁(Trust), 파트너십(Partnership), 조인트 벤처(Joint Venture), 정부(Government), 정부 산하 기관(Governmental Subdivision), 대행사(Agency) 등으로, 거의 모든 형태의 개체가 파트너십 참여가 가능하다. (RUPA § 101(10))

*** 파트너십 설립 유무의 판단**

파트너십은 설립에 대해 파트너 간의 합의서(Partnership Agreement)를 주 정부에 제출할 필요가 없으며, 별도의 설립 신청을 할 필요도 없다. 즉, 실질적으로 파트너십 활동을 하고 있느냐로 파트너십의 설립 유무를 판단하게 된다. 따라서 분쟁 시 법원은 사업 행위(Conduct), 이익 공유(Profit sharing) 등으로 파트너십의 설립을 추정한다.

"...whether or not the persons intend to form a partnership." (RUPA §202)

[2] 파트너 간의 합의서(Partnership Agreement)

파트너 간의 합의는 구두(Oral), 서면(Written), 묵시적인 행동(Implied) 등으로 가능하다. 파트너의 기본 의무와 권리에 관련된 사항은 RUPA를 따라야 하지만 이를 제외한 이익 분배율 변경 등 거의 모든 사항에 대한 파트너 간의 별도 합의가 가능하다.

> "(a)...relations among the partners and between the partners and partnership are governed by the partnership agreement....
> (b)The Partnership agreement may not...(3) eliminate the duty of loyalty...(4) unreasonably reduce the duty of care...(5) eliminate the obligation of good faith and fair dealing..." (RUPA §103)

[3] 파트너(Partner)**의 권리**(Rights)

*** 파트너십 이익의 분배**(Profit Distribution)

일반 파트너십(General Partnership)은 모든 파트너(Partner)들에게 이익 분배나 손해 부담을 동등하게 부여한다. 일반 파트너십의 경우 이익과 손실의 배분은 파트너 간의 합의서(Partnership Agreement)에 따르는데, 특별히 명시된 사항이 없다면 출자금액(Contribution)과 관계 없이 균등하게 적용된다.

"(b) Each partner is entitled to an equal share of the partnership profits and is chargeable with a share of the partnership losses in proportion to the partnership's share of the profits." (RUPA § 401(b))

파트너십의 이익과 손실은 합의서에서 정해 놓은 분배율에 따라 파트너에게 귀속되게 되고(Passing Through), 파트너는 파트너십의 손익을 자신의 다른 소득과 합산하여 신고해야 할 의무가 있다.

* **파트너십 운영권**(Management Right)

파트너들은 사업 영위를 위한 파트너십 경영에 동등한 권리를 가진다. 모든 파트너는 파트너십 운영에 참여할 수 있고, 파트너십 운영에 있어 출자금액(Contribution)과 관계 없이 각 한 표(Equal Vote)만을 행사할 수 있다.

"(f) Each partner has equal rights in the management and conduct of the partnership business." (RUPA §401(f))

그러나 파트너는 이익 분배 외에 파트너십 운영에 대한 급여(Salary)를 별도로 받을 수 없다.

"(h) A partner is not entitled to remuneration for service performed for the partnership,..." (RUPA §401(h))

*** 파트너의 신규 가입**

새로운 파트너의 참여는 기존 파트너가 모두 찬성해야 가능하다.

"(i)A person may become a partner only with the consent of all of the partners." (RUPA §401(i))

*** 지분의 양도**(Transfer of Interest)

파트너십의 이익(Profits)과 손실(Loses) 분배, 그리고 파트너십의 이익 분배를 실제 수령할 권리(Right to Receive Distribution)는 제3자에게 양도 가능(Transferable)한 파트너의 개인적인 재산(Personal Property)이다.

"The only transferable interest of a partner in the partnership is the partner's share of the profits and losses of the partnership and partner's right to receive distributions" (RUPA §502)

그런데 파트너의 출자(Contribution)는 파트너십 소유의 자산(Partnership Asset)이며, 이미 개인적인 자산이 아니기 때문에 양도 가능한 자산이 아니다.(RUPA §501) 또한 지분을 양도 받은 제3자(Transferee)는 위에서 언급한 지분에 대해서만 양도 받은 것이고, 파트너의 자격을 부여받는 것이 아니다. 예를 들어 파트너십 운영권은 위에서 언급한 양도 가능한 지분(Transferable Interest)이 아니기 때문에 양도 받은 사람은 이를 행사할 수 없다.

[4] 파트너(Partner)**의 기본 의무**(Duties)

파트너는 다른 파트너에 대해 정직(Fiduciary Duty)해야 하며(RUPA §404(a)), 파트너십에 충성(Duty of Royalty)하고(RUPA §401(b)), 신중하게 일을 처리(Duty of Care)해야 하는 의무가 있다.(RUPA §401(c)). 따라서 파트너는 내부자 거래(Self-Dealing)가 금지되며, 파트너십의 기회를 박탈(Usurp of Opportunity)하거나 사사로운 이익(Undisclosed Profit)을 챙길 수 없다. 파트너가 파트너십에 대한 의무를 어겼을 때, 파트너십은 파트너에 대해 보상 책임을 물을 수 있다.

[5] 파트너의 책임(Liabilities)

파트너십이 업무상에 발생한 파트너의 행동에 대해 책임을 진다는 것은, 결국 파트너가 다른 파트너의 행동에 대해 책임을 진다는 의미이다. 왜냐하면 파트너 개개인은 파트너십의 이익과 손실을 부담하며, 파트너십의 경영에도 책임이 있기 때문이다.

*** 대리인 관계**(Agency)

일반 파트너는 파트너십의 대리인(Agent)이다. (RUPA §301(1)) 따라서 파트너십은 사업 업무 범위 내에서 파트너가 맺은 계약(Contract)이나 수표 배서 등 파트너의 행동에 대해서 책임을 진다.

> "(1) Each partner is an agent of the partnership for the purpose of its business. ...An act of a partner, including the execution of an instrument in the partnership name, for apparently carrying on in the ordinary course the partnership business...binds the partnership,..." (RUPA §301(1))

*** 소송의 여지가 있는 행동**(Actionable Conduct)**에 대한 책임**

파트너십은 업무 범위 내에서 파트너가 저지른 상해나 과실 등 불법 행위(Tort)에 대한 책임을 진다.

(a) A partnership is liable for loss or injury caused to a person, for a penalty incurred, as a wrongful act or omission, or other actionable conduct, of a partner acting in the ordinary course of business of the partnership or with the authority of the Partnership." (RUPA §305(a))

*** 파트너십 채무**(Obligation)**에 대한 책임**

파트너십의 채무에 대해 파트너들은 개인적인 책임(Personally Liable)을 진다.

(a) ...,all partners are liable jointly and severally for all obligations of the partnership unless otherwise agreed by the claimant or provided by law. (RUPA §306(a))

새로운 파트너는 참여 이전의 채무(Debt)에 대한 책임이 없지만, 새로운 파트너가 제공하는 출자금(Contribution)은 참여 이전에 발생한 파트너십의 채무 상환을 위해 쓰일 수도 있다. 탈퇴(Dissociation)하는 파트너는 탈퇴 사항을 파트너십의 모든 채권자(Creditor)에게 통보(Notice)해야 탈퇴 이후의 채무로부터 면제된다. (RUPA §703(d))

[6] 파트너의 탈퇴(Dissociation)

파트너의 탈퇴는 무조건적인 파트너십의 해산(Dissociation)을 의미하지는 않는다. 파트너는 자유롭게 탈퇴 의사(Will to Withdraw)를 통보할 수도 있고(RUPA §601(1)), 아니면 파트너 간의 합의서(Agreement)에 따라 파트너십을 탈퇴를 할 경우도 있다.

> " (1) the partnership's having notice of the partner's express will to withdraw as a partner or on a later date specified by the partner; (2) an event agreed to in the partnership agreement as the partnership's dissociation;..." (RUPA §601)

파트너의 사망(Death)(RUPA §601(7))이나, 파트너의 파산(Bankruptcy)도 파트너의 탈퇴가 가능한 경우이다. (RUPA §601(6))

또한 파트너십은 파트너 간의 합의서(RUPA §601(3)), 모든 파트너의 동의(the Unanimous Vote)(RUPA §601(4)), 또는 사법적인 판결(Judicial Determination)로 특정 파트너를 제명(Expulsion)할 수도 있다. (RUPA §601(5))

그리고, 파트너가 파트너 간의 명시적인 합의(Express

Provision)를 어기거나, 또는 파트너십 존속 기간(Definite Term) 만료 전에 임의로 탈퇴하는 것을 Wrongful Dissociation이라고 한다. 임의로 탈퇴한 파트너는 이로 인해 야기된 파트너십의 손해(Damage)에 대해 책임이 있다.

"(c) A partner who wrongfully dissociates is liable to the partnership and to other partners for damages caused by the dissociation..." (RUPA §602(c))

[7] 파트너십의 해산(Dissolution)

파트너십의 해산은 다음과 같은 때에 가능하다.

a. 파트너가 자신의 자유 의지(Will)로 탈퇴 의사를 밝힌 경우 다른 파트너들에 의한 해산 결정

b. 파트너의 사망(Death), 파산(Bankruptcy) 후 다른 파트너의 과반수 찬성에 의한 해산 결정

c. 파트너십의 목적이 법에 부합되지 않게 된 경우(Illegality)

"(4) an event that makes it unlawful for all or substantially all of the business of the partnership to be continued..." (RUPA § 801(4))

d. 파트너(Partner)가 제기한 소송에 의한 판결(Judicial Determination)

e. 파트너의 지분(Interest)을 인수한 인수인(Transferee)이 제기한 소송에 의한 판결(Judicial Determination)

[8] 파트너십의 정리(Winding Up)

파트너십의 해산(Dissolution)이 결정된 후에 파트너십 폐쇄(Termination)까지 기존의 사업을 정리하여 채무를 청산하고 잔여 재산을 분배하는 과정을 사업 정리 과정(Winding Up)이라고 한다. (RUPA §802(a))

남은 파트너들은 사업 정리를 법원이 감독(Judicial Supervision)해 줄 것을 요청할 수도 있다. (RUPA §803(a)) 또한 파트너십 폐쇄까지 파트너들은 기존 의무와 책임에 더하여 파트너십 정리를 위한 의무를 부담해야 한다.

"...a partnership is bound by a partner's act after dissolution that: (1) is appropriate for winding up the partnership business; or (2) would have bound the partnership under Section 301 before dissolution,..." (RUPA §804)

*** 파트너십 정리 시 남은 재산의 분배**

(Settlement of Accounts and Contributions)

a. 파트너의 출자(Contribution)를 포함한 파트너십의 자산(Asset)은 채무를 변제(Discharge Obligation)하는 데 우선적으로 사용된다. (RUPA §807(a))

b. 자산 청산 후 잉여금(Surplus)은 파트너에게 부여된 각각의 이익 분배율(Right to Distribution)에 따라 현금으로 분배된다.

c. 만약 자산의 청산으로도 채무를 변제하지 못 할 경우 파트너들은 각자의 이익 분배율에 따라 개인 자금을 출자하여 남은 채무를 청산해야 한다. (RUPA §803(c))

3. 일반 파트너십(General Partnership) 외의 다른 파트너십

* **Limited Partnership**(LP)

우리 나라에서는 합자회사가 LP와 가장 유사한 형태이다. NCCUSL(the National Conference of Commissions on Uniform State Laws)가 제안한 Uniform Limited Partnership Act에 따르면 LP는 최소 한 명의 일반 파트너(General Partner)와 최소 한 명의 유한 파트너(Limited Partner)로 이루어지는 형태이다. 일반 파트너는 LP의 운영(Management)을 담당하고 경영권(Control)을 가지나 LP의 채무에 대한 책임도 진다. 반면, 유한 파트너는 경영과 운영에 참가하지 않는 대신 채무에 대한 개인 책임이 없다. 따라서 일반 파트너는 파트너십에 대해 무한 책임을 지지만 유한 파트너는 자신이 출자한 지분에 대해서만 책임을 지는 것이다.

LP 역시 일반 파트너십이 제공하는 이중과세를 회피할 수 있는 장점을 여전히 가지고 있으므로 파트너십의 경영보다는 투자에 관심이 있는 투자자들의 자본을 대규모로 동원하기 쉽다. LP는 설립에 있어 정관을 작성하여 해당 주 정부에 설립 신청서(Certificate)를 제출해야 한다.

*** Limited Liability Partnership**(LLP)

Limited Liability Partnership(LLP)는 면허(License)를 가진 의사, 변호사 같은 전문인(Professionals)들이 구성한 파트너십으로, 파트너들은 자기가 저지른 잘못된 면허 행위(Malpractice)에만 책임을 지며 다른 파트너의 채무나 법적 의무에 대한 책임이 없다. 대신 LLP 운영을 위해 관리인(Manager)을 고용하고 운영 비용을 분담한다. 설립 시 해당 주 정부에 설립 허가서(Statement of Qualification)를 제출하고 승인을 받아야 한다. (RUPA §1003(c))

*** Limited Liability Company**(LLC)

Limited Liability Company(LLC)는 회사와 파트너십의 장점을 합한 형태이다. 설립 시에는 관청에 회사 조직에 관한 정관(Articles of Organization)을 제출해야 한다. 현재 미국에 모든 주가 LLC의 설립을 허용하고 있으며, NCCUSL은 1996년 Uniform Limited Liability Company Act를 처음 공표하였다. LLC는 특정한 기간 동안만 존속할 수 있도록 설립되는 게 일반적인데 이 존속기간이 끝나면 자발적으로 해산(Dissolution)한다.

파트너(Member)는 주식 회사의 주주처럼 회사의 채무와 법적 책임에 대해 자유롭고, 또한 이중 과세를 피함으로써 파트너십의 세제 혜택을 누릴 수 있다. 다만 기본적으로 파트너들은 전원의 동의가 없는 이상 자신의 지분을 양도할 수가 없다는 점이 주식 회사와 틀리다. 또한 LP의 유한 파트너들과 틀리게 의결권을 가지지만, 동등한 의결권이 아니라 주식회사와 마찬 가지로 소유 지분에 따른 의결권이 주어진다.

참고 문헌

Constitutional Law, Foundation Press, 2005

Civil Procedure, 8th Edition, West Group, 2001

New York Practice, 4th Edition, 2005

New York Workers' Compensation Handbook, LexisNexis, 2006

The Buck stops here, 이오북스, 2011

미국 헌법과 인권의 역사, 개마고원, 2000

Black's Law Dictionary, Thomson West, 2006

Contracts 8th Edition, Foundation Press, 2003

Contracts Appendix, Foundation Press, 2003

Commercial Law, 6th Edition, Foundation Press, 2004

Business Structures, 2nd Edition, Thomson West, 2002

Business Reorganization in Bankruptcy, 2nd Edition, West Group, 2006

Business Organization and Finance, 9th Edition, 2005

Creditors' Rights, Debtors' Protection and Bankruptcy, 3rd Edition, Matthew Bender, 1997

Auditing Concept for a Changing Environment, Thomson, 2007

The Completer Internal Revenue Code, Thomson RIA 2006

Business Associations, Foundation Press, 2006

Selected Commercial Statutes 2005 Edition, Thompson West, 2005

Fundamentals of Partnership Taxation 7th Edition, Foundation Press, 2005

Partnership Income Taxation, 4th Edition, Foundation Press, 2005

미합중국 헌법

(한글판 전문)

전문

우리 미국 인민은 더욱 완벽한 연방을 형성하고, 정의를 확립하며, 국내 안녕을 보장하고, 공동방위를 도모하며, 전 인민의 복리를 증진하고, 우리 현 세대와 후손들에게 자유의 축복을 확보하기 위하여 이 미합중국 헌법을 제정한다.

제1조

제1항. 본 헌법에서 부여되는 모든 입법 권한은 미국 의회에 귀속되며, 미국 의회는 상원 (Senate)과 하원(House of Representatives)으로 구성된다.

제2항. 하원은 2년마다 각 주 주민이 선출하는 의원으로 구성하며, 각 주 선거인은 주의회의 가장 다수의 입법기관 선거인에게 요구되는 자격을 구비해야 한다.

누구든지 연령이 만 25세에 달하지 못했거나, 미국의 시민으로서 7년이 채 못되었거나, 또한 선거 당시에 선출되는 주의 주민이 아닌 자는 하원의원이 될 수 없다. 하원의원 수와 직접세는 미국에 가입한 각 주의 인구 수에 따라 각 주에 배당된다. 각 주의 인구수는 연기복무자를 포함시키고 과세되지 않은 원주민을 제외한 자유인의 총수에 그 밖의 모든 인원의 5분의 3을 더하여 산출한다. 인구 수 산정은 제1회 미국 의회를 개회한 후 3년 이내에 행하고, 그 후에는 매 10년마다 법률이 정하는 바에 따라 행한다.

하원 의원의 수는 인구 3만 명에 대해 1명을 초과하지 못한다. 단, 각 주는 적어도 1명의 하원 의원을 선출할 수 있다. 인구 수가 산출 될 때까지 뉴햄프셔주는 3명, 매사추세츠주는 8명, 로드아일랜드주와 프라비던스 식민지는 1명, 코네티컷주는 5명, 뉴욕주는 6명, 뉴저지주는 4명, 펜실베니아주는 8명, 델라웨어주는 1명, 메릴랜드주는 6명, 버지니아주는 10명, 노스캐롤라이나주는 5명, 사우스캐롤라이나주는 5명, 그리고 조지아주는 3명의 의원을 각각 선출할 수 있다.

어느 주의 하원의원에 결원이 생길 때에는 그 주의 행정부가 그 공석을 채우기 위한 보궐선거 명령을 내려야 한다.

하원은 의장과 그 밖의 임원을 임명하고 탄핵권을 전유한다.

제3항. 상원은 각 주의 입법부가 선거한 6년 임기의 상원의원 2명씩으로 구성되며, 각 상원의원은 한 표의 투표권을 갖는다.

상원의원이 첫 선거에서 당선되어 회합하면, 즉시로 의원 총수를 가능한 한 동수의 3개 반으로 나눈다. 제1반의 의원은 2년 만기로서 그 의석을 비워야 하며, 제2반의 의원은 4년 만기로, 그리고 제3반의 의원은 6년 만기로서 그 의석을 비워야 한다. 이렇게 하여 상원의원 총수의 3분의 1이 매 2년마다 개선(□□)될 수 있게 한다. 어떤 주의회가 휴회 중에 사직 또는 그 밖의 원인으로서 상원의원의 결원이 생길 때에는 그 주의 행정부가 주의회의 다음 회기에 보결 의원이 선출될 때까지 잠정적으로 상원의원을 임명할 수 있다.

연령이 만 30세에 미달하거나, 미국의 시민으로서의 기간이 9년이 되지 못하거나 선거 당시 선출되는 주의 주민이 아닌 자는 상원의원이 될 수 없다.

미국의 부통령은 상원의장이 된다. 그러나 표결시 가부 동수인 경우를 제외하고는 투표권이 없다.

상원은 의장 이외의 직원을 선출하고 또 부통령이 결원으로 있을 때, 또는 부통령이 대통령의 직무를 집행하는 때에는 임시 의장을 선출한다.

상원은 모든 탄핵 권한을 전유한다. 동 목적으로 회합시, 상원 위원은 선서 또는 확약 해야 한다. 미국 대통령에 대한 심의의 경우, 대법원장이 심의를 주재한다. 누구든지 출석의원 3분의 2 이상의 찬성 없이는 유죄 판결을 받지 않는다.

탄핵 소송에서의 판결은 면직, 그리고 미국 의 명예직, 촉탁직, 또는 영리직을 보유하는 자격을 박탈하는 것 이상에 미칠 수 없다. 그러나 판결을 받은 자는 이에 불구하고 법률이 정하는 바에 따른 기소, 재판, 판결, 처벌을 면할 수 없다.

제4항. 상원위원과 하원위원을 선거할 시일, 장소 및 방법은 각 주에서 의회가 정한다. 그러나 미국 의회는 언제든지 법률에 의하여 그러한 규정을 제정하거나 이를 변경할 수 있다. 단, 상원 의원의 선거 장소는 제외된다.

미국 의회는 매년 적어도 1회 소집되어야 한다. 집회 날짜는 법률로서 다른 날짜를 지정하지 않는 한, 12월 첫번째 월요일로 정한다.

제5항. 각 원은 그 소속 의원의 당선, 득표수 및 자격을 판정한다. 각 원은 소속 의원의 과반수가 출석함으로써 의사를 진행시킬 수 있는 정족수를 구성한다. 그러나 정족수 미달의 경우, 출석 의원이 연일 휴회 할 수 있으며, 또 각 원에서 정한 방법과 벌칙에 따라서 결석의원의 출석을 강요할 권한이 부여된다.

각 원은 의사규칙을 결정하여 원내의 질서를 문란케 한 의원을 징계하며, 또 3분의 2 이상의 찬성을 얻어 의원을 축출할 수 있다.

각 원은 의사록을 작성하며, 각 원에서 비밀에 부쳐야 한다고 판단하는 부분을 제외하고 수시로 발표해야 한다. 각 원은 어떠한 문제에 대해서도 소속 의원의 찬반의 수를 출석 의원의 5분의 1 이상이 요구할 경우에는 이를 의사록에 기재하여야 한다.

미국 의회의 회기 중에는 어느 의원도 다른 의원의 동의 없이는 3일 이상 휴회하거나 회의장을 양원이 개회하고 있는 곳 이외의 장소로 옮길 수 없다.

제6항. 상 · 하원의원은 법률로 확정되는데 따라 직무에 대한 보수를 미국 국고에서 지급 받는다. 양원의 의원은 반역죄, 특별중죄 및 치안 교란죄를 제외하고는 어떠한 경우에도 회의 출석중이거나 의사당까지의 왕복 도중에 체포되지 아니하는 특권이

있다. 양원 의원은 원내에서 행한 발언이나 토의에 관하여 원외에서 문책 받지 않는다.

상원의원 또는 하원의원은 재임 기간 중에 신설되거나 봉급이 증액되는 어떠한 공직에도 임명되지 못한다. 또한 미국의 공직에 있는 자는 누구나 재직 중 상원의원이나 하원의원이 될 수 없다.

제7항. 세입 징수에 관한 법안은 먼저 하원에서 제의되어야 한다. 단, 상원은 그 법안을 다른 법안에 대한 것과 같이 수정을 가하여 이를 제의 하거나 동의할 수 있다.

상·하원을 통과한 모든 법안은 법률로 성립되기 위해 대통령에게 송부되어야 한다. 대통령이 이를 승인하는 때에는 이에 서명하고 만약 승인하지 않는 때에는 이의서를 첨부하여 이 법안을 발의한 의원에 반송하여야 하며, 반송 받은 의원은 전체 이의사항을 의사록에 기록한 후 이 법안을 재심의 하여야 한다. 재심의 결과, 의원 3분의 2이상의 찬성을 얻어 이를 가결하는 때에는 해당 의원은 이 법안을 대통령의 이의서와 함께 다른 원에 송부해야 한다. 다른 원에서는 이 법안을 심의하여 의원 3분의 2 이상의 찬성을 얻어 가결하는 때에는 이 법안은 법률로서 성립된다. 그러나 이 모든 경우에 있어서 양원은 호명 구두 표결로 결정하며 그 법안에 대한 찬성자와 반대자의 성명을 각 원의 의사록에 기재하여야 한다. 어떤 법안이 대통령에게 송부되고 10일

이내에 (일요일 제외) 대통령이 이를 의회로 반송하지 아니하는 때에는 그 법안은 대통령이 이에 서명한 것으로 간주되고 법률로 성립된다. 단, 미국 의회가 휴회하여 이를 반송할 수 없는 경우에는 예외로 하며, 이 경우에는 법률로 성립되지 않는다.

상 · 하원의 동의를 필요로 하는 모든 명령, 결의나 표결(휴회에 관한 결의는 제외)은 이를 대통령에게 송부하고 대통령이 이를 승인하는 때에 효력이 발생된다. 만약 대통령이 승인하지 아니하는 때에는 법안에 관하여 규정된 규칙과 제한에 따라서 상원과 하원의 3분의 2 이상의 찬성에 의해 재가결해야 한다.

제8항. 의회는 다음과 같은 권한을 가지는 바, 미국의 채무를 지불하고 공동 방위와 일반 복지를 제공하기 위하여 조세, 관세, 공과금 및 소비세를 부과하고 징수할 권한을 가진다. 단, 모든 관세, 공과금 및 소비세는 미국 전역에 동일하여야 한다.

미국의 신용으로 금전을 차입할 권리.

외국, 주 상호간, 원주민 종족과의 통상을 규제할 권리.

미국 전체에 공통된 동일한 귀화규정과 파산문제에 관한 동일한 법률을 제정할 권리.

화폐를 주조하고 미국 화폐와 외국화폐의 가치를 규정하며 도량형의 기준을 정할 권리.

유가증권과 통화의 위조에 관한 법규를 정할 권리.

우체국과 우편물 수송 도로를 설치할 권리.

일정 기간 동안 저작가의 저술과 발명가의 발명에 대한 독점권을 보유케 하여 과학과 유용한 기술의 진보를 촉진할 권리.

대법원에 예속하는 하급 법원을 조직할 권리.

공해상의 해적행위 및 그 밖의 중죄와 국가 법률에 위반하는 죄를 정하고 그것을 처벌할 권리.

전쟁을 선포하고 나포 허가장을 수여하고 지상 및 해상에서의 나포에 관한 규칙을 정할 권리.

모병(募兵)하고 군대를 지원할 권리. 단, 이 목적을 위한 경비 충당은 2년을 초과하지 못한다.

해군을 조직하고 유지할 권리.

지상군과 해군의 통수 및 규율에 관한 규칙을 정할 권리.

미국의 법률을 시행하고, 반란을 진압하고, 침략을 격퇴하기 위해 국민군을 소집하는데 관한 규칙을 정할 권리.

국민군의 편성, 무장 및 훈련에 관한 규칙과 국민군 중 군 복무하는 자를 통수하는데 관한 규칙을 정할 권리. 단, 국민군의 장교를 임명하고 의회가 규정하는 규율에 따라 국민군을 훈련시키는 권한은 각 주에 주어짐.

특정한 주가 양도하고 미국 의회가 이를 용인함으로써 미국 정부의 소재지로 되는 지구(면적 10마일 평방을 넘지 못함)에 대하여는 어떠한 경우를 막론하고 독점적인 입법권을 행사하며, 요새, 탄약고, 병기고, 조선소 및 기타 필요한 건물을 세우기 위한 부지로서 주 입법부의 승인을 얻어 매수한 모든 장소에 대해 유사 권한을 행사함.

이상 기술한 여러 권리와 이 헌법에 의하여 미국 정부, 정부부처, 또는 공무원에게 부여되는 다른 모든 권한을 행사하는데 필요하고도 적당한 일체의 모든 법률을 제정할 권리.

제9항. 현존하는 어떤 주가 허용함이 적당하다고 간주되는 사람들의 이주 또는 입국에 대해 미국 의회는 1808년 이전에는 이를 금지하지 못한다. 그러나 이러한 사람들의 입국에 대하여 1인당 10달러를 초과하지 않는 한도 내에서는 과세할 수 있다.

인체보호영장에 관한 특권은 반란 또는 침략의 경우에 있어 공공의 안전상 요구되는 때를 제외하고는 이를 정지할 수 없다.

국민자격 박탈법 또는 소급법은 통과될 수 없다.

인두세 또는 그 밖의 직접세는 미리 규정된 인구조사나 계산에 비례하지 않는 한, 이를 부과하지 못한다.

어떠한 주로부터 수출되는 물품에 대하여도 조세 또는 관세를 부과하지 못한다.

통상이나 세입에 관한 규정에 의해 어떠한 주의 항구에 대해서도 다른 주에서 의무적으로 입항 시키거나, 출항 수속을 하거나, 관세를 지불케 할 수 없다.

국고금은 법에 의한 세출승인의 경우를 제외하고 인출될 수 없다. 또한 모든 공금의 수입 및 지출에 관한 정식 회계 계산서를 수시로 공포하여야 한다.

미국은 어떠한 귀족의 칭호도 수여하지 않는다. 미국 내에서 유급 또는 위임에 의하여 관직에 있는 자는 누구든지 미국 의회의 동의 없이는 어떠한 국왕, 왕족 또는 외국으로부터, 종류의 여하를 불문하고, 증여, 보수, 관직, 또는 칭호를 받을 수 없다.

제10항. 어느 주도 어떠한 조약, 동맹관계, 또는 연합관계를 체결하지 못하며, 나포 허가장을 수여하지 못하며, 화폐를 주조하거나 신용증권을 발행할 수 없으며, 금화 및 은화 이외의 어떤 것으로도 채무 지불의 법정수단으로 사용할 수 없으며, 국민자격 박탈법이나 소급법이나 계약상의 채무를 훼손하는 법률을 제정할 수 없으며, 또 어떠한 귀족의 칭호도 수여하지 못한다.

어느 주라도 미국 의회의 동의 없이는 수입품이나 수출품에 대하여 검사법의 시행상 절대로 필요한 경우를 제외하고는 공과금이나 관세를 부과하지 못한다. 어느 주에서나 수입품이나 수출품에 대해 부과하는 모든 공과금이나 관세의 순 수입은 미국 국고에서 사용케 해야 한다. 또 미국 의회가 이와 같은 모든 주 법을 수정하고 통제할 수 있다.

어느 주도 미국 의회의 동의 없이는 톤(tonnage) 세를 부과하거나 평시(□□)에 군대나 군함을 배치하거나, 다른 주나 외국과 협정이나 조약을 체결하거나, 현실적으로 침공을 당하고 있거나 사태가 지체할 수 없을 만큼 급박할 경우가 아니면 교전할 수 없다.

제2조

제1항. 행정권은 미국 대통령에 귀속된다. 대통령의 임기는 4년으로 하며 동일 기간의 임기를 갖는 부통령과 더불어 다음과 같은 방법에 의하여 선거된다.

각 주는 주 입법부가 정하는 바에 따라 주가 미국 의회에 보내는 상원위원과 하원의원의 총수와 동일한 수의 선거인을 임명한다. 그러나 미국의 상·하원의원, 또는 미국의 촉탁직이나 영리직에 있는 자는 선거인이 될 수 없다.

선거인들은 각기 그 주에서 회합하고 비밀투표에 의해 2인을 선거해야 한다. 단, 그 중 적어도 1인은 선거인 자신들과 동일한 주의 주민이 되어서는 안 된다. 선거인들은 모두 득표자들의 명부를 작성하여 각 득표자의 득표수를 기재하고 이에 서명하고 증명한 후 봉함하여 상원의장 앞으로 미국 정부 소재지로 송부한다. 상원의장은 상·하원의원 앞에서 모든 증명서를 개봉하고 계표한다. 최다득표자로서 그 득표수가 선임된 선거인 총수의 과반수를 넘었을 때는 대통령으로 당선된다. 만약 2인 이상이 동수의 득표를 하고, 또한 과반수를 넘었을 때에는 하원은 즉시 비밀투표로서 그 중 1인을 대통령으로 선거한다. 단, 이 방법에 의하여 대통령 선거를 할 때는 주를 단위로 하고, 각 주는 1표의 투표권을 가지며, 그 선거에 필요한 정족수는 주 총수의 3분의 2개주의 각 대표 혹은 대표들로 구성되며, 전체 주의 과반수 이상의 찬성을 얻어야 선출될 수 있다. 어떤 경우에 있어서나, 대통령을 선출한 후에 최다득표자를 부통령으로 한다. 단, 동수의 득표자가 2인 이상 있을 때에는 상원이 비밀 투표로서 그 중에서 부통령을 선출한다.

의회는 선거인을 선출할 시기와 투표일을 결정하며, 투표일은 미국 전역을 통하여 같은 날이 되어야 한다.

누구든 출생할 때부터 시민이 아니 자는, 또는 헌법 제정 시 미국 시민이 아니 자는 대통령에 선출될 자격이 없다. 또한 연령이 만 35세에 미달하거나, 미국에서 14년간 거주하지 않은 자도 대통령에 선임될 자격이 없다.

대통령이 면직되거나, 사망하거나, 사직하거나, 그 권한과 직무를 행할 능력을 상실할 경우에는 대통령직은 부통령에게 귀속된다. 미국 의회는 대통령과 부통령이 동시에 면직되거나, 사직하거나, 사망하거나, 집행 불능케 되는 경우에 법률로서 대통령의 직무를 대행하는 관리를 정할 수 있다. 이 경우에는 대통령의 집행 불능 원인이 제거되거나, 대통령이 새로 선출될 때까지 해당 관리가 대통령의 직무를 대행한다.

대통령은 그 직무에 대하여 규정된 시기에 보수를 받는다. 보수는 임기 중 증액 또는 감액되지 않는다. 또 대통령은 임기 중 미국이나 다른 주로부터도 다른 보수를 받지 못한다.

대통령은 직무를 수행하기 앞서 다음과 같은 선서나 확약을 하여야 한다. "나는 미국 대통령의 직무를 성실히 수행하고, 능력껏 최선을 다하여 미국 헌법을 보전•보호 수호할 것을 엄숙히 선서(또는 맹세)한다."

제2항. 대통령은 미국 육•해군의 총사령관이며, 또한 각 주의 국민군이 현역 복무시 총사령관이 된다. 대통령은 행정 각부의 장관으로부터 각 소관 직무사항에 관하여 문서로 견해를 요구할 수 있다. 대통령은 미국에 대한 범죄에 대한 탄핵의 경우를 제외하고 형 집행을 유예하거나 사면할 권한이 있다.

대통령은 상원의 건의에 의하여 또한 그 동의를 얻어 조약을 체결할 권한이 있다. 단, 건의와 동의는 상원 출석의원 3분의 2 이상이 찬성해야 한다. 그리고 또한 대통령은 대사와 그 밖의 공사와 영사, 대법원 법관 및 헌법에 별도의 임명 규정이 없으나 법률에 의하여 정하는 그 밖의 모든 미국 관리를 지명하여 상원의 조언과 동의를 받아 임명한다. 단, 미국 의회는 적당하다고 간주되는 하급관리의 임명권을 대통령, 법원 또는 각부 장관에게 법적으로 귀속시킬 수 있다.

대통령은 상원 휴회 중에 발생할지 모를 모든 공석을 위임을 통해 충원할 권한이 있다. 단, 그 위임은 의회 회기가 만료될 때에 효력을 상실한다.

제3항. 대통령은 연방의 상황에 관하여 수시로 미국 의회에 보고하고, 필요하고도 적절하다고 인정하는 법안들에 관해 의회의 심의를 권고해야 한다. 특별히 긴급할 때 대통령은 상하 양원 또는 그 중 일 원(院)을 소집할 수 있으며, 또한 휴회의 시기에 관하여 양원간의 의견이 일치되지 아니하는 때는 대통령이 적당하다고 인정하는 시기까지 양원의 휴회를 명할 수 있다. 대통령은 대사와 그 밖의 외교사절단을 접견하고 법률이 성실히 집행되도록 유의하고 미국의 모든 관리들에게 직무를 위임한다.

제4항. 대통령, 부통령 및 미국의 모든 공무원은 반역죄, 수뢰죄 또는 그 밖의 중죄와 경죄로 인하여 탄핵을 받고 또 유죄의 판결을 받을 때는 면직된다.

제3조

제1항. 미국의 사법권은 대법원과 더불어 의회가 수시로 제정 설치하는 하급법원에 귀속한다. 대법원과 하급법원의 법관은 충실히 근무하는 동안은 재직하며, 또 그 직무에 대하여 정기 보수를 받는다. 이러한 보수는 재임 중 감액되지 않는다.

제2항. 사법권은 미국의 본 헌법과 법률 및 미국의 권한 하에 체결되었거나 앞으로 체결되는 조약에 입각하여 발생하는 보통법 및 형평법상의 모든 사건에 미친다. 사법권은 또한 대사와 그 밖의 외교사절 및 영사에 관련되는 모든 사건, 해사재판 및 해상관할에 관한 모든 사건, 미국이 일방 당사자가 되는 모든 소송, 2개 주 이상의 주 사이에 발생하는 소송, 어떤 주나 그 시민이 외국, 또는 그 시민 혹은 국민과의 사이에 발생하는 소송에 미친다.

대사와 그 밖의 외교사절 및 영사에 관한 사건과 주가 당사자로 되는 사건은 대법원이 제1심의 재판관할권을 가진다. 그 이외의 모든 사건에 있어서는 의회가 정하는 예외를 갖고 또 의회가 정하는 규칙에 따라 대법원이 법률문제와 사실문제에 관하여 상소심 재판 관할권을 가진다.

탄핵 사건을 제외한 모든 범죄의 재판은 배심제로 행한다. 그 재판은 범죄가 행하여진 주에서 해야 한다. 그러나 그 범죄가 어느 주에서도 행하여지지 않았을 경우에는 미국 의회가 법률로서 정하는 장소에서 이를 심리한다.

제3항. 미국에 대한 반역죄는 미국에 대하여 전쟁을 일으키거나 적에게 가담하여 원조와 지지를 제공할 경우에만 성립된다. 누구든지 명백한 상기의 행동에 대하여 2명의 증언이 있거나 공개법정에서 이를 자백하는 경우 이외에는 반역죄의 판결을 받지 않는다.

미국 의회는 반역죄의 처벌을 선고하는 권한을 갖는다. 그러나 반역죄로 인한 국민 자격 박탈 선고는 그 선고를 받은 자의 기간을 제외하고는 혈통 오손이나 또는 재산의 몰수에까지 미치지 못한다.

제4조

제1항. 각 주는 다른 모든 주의 공공 조치, 기록 및 재판 절차를 전적으로 신뢰한다. 미국 의회는 일반 법률에 의하여 그와 같은 조치, 기록 및 재판 절차를 증명하는 방법과 그 효력에 관하여 규정 할 수 있다.

제2항. 각 주의 시민은 다른 어떤 주에서도 그 주의 시민들이 향유하는 모든 특권과 면책 사항을 향유할 권리가 있다.

어떤 주에서 반역죄, 중죄 또는 그 밖의 범죄로 인하여 고발을 받은 자가 법망을 피해 다른 주에서 발견되는 경우, 그 주는 범인이 도피한 주의 행정부의 요구에 따라 범인을 인도하며 해당 범죄에 대한 관할권을 가진 주로 이송하여야 한다.

어느 주에서는 주 법률에 의하여 복역 또는 노역에 처해진 자가 다른 주로 도피할 경우에, 그 도피한 주의 어떠한 법률이나 규칙에 의하여서도 그 같은 복역이나 노역의 의무는 해제되지 않으며, 그 같은 복역이나 노역을 요구할 권리를 갖는 당사자의 요청에 따라 도피자를 인도하여야 한다.

제3항. 미국 의회는 새 주를 편입시킬 수 있다. 그러나 어떠한 주의 관할 구역에서도 새로운 주를 형성하거니 설치할 수 없다. 또한 관련 주의 입법부와 미국 의회의 동의 없이는 2개 이상의 주 또는 주의 일부를 합병하여 어떠한 새 주도 형성할 수 없다. 미국 의회는 미국에 소속하는 영토와 그 밖의 재산을 처리하고 또 이에 관한 모든 필요한 규정을 제정할 권한을 갖는다. 그리고 본 헌법의 어떠한 조항도 미국이나 어떤 특정한 주의 권리를 침해하는 것으로 해석할 수 없다.

제4항. 미국은 국가를 구성하는 모든 주에 대하여 그 공화정체를 보장하고, 침략으로부터 각 주를 보호하고 또 각 주의 입법부나 행정부(입법부를 소집할 수 없을 때)의 요구에 의하여 주내의 폭동으로부터 각 주를 보호한다.

제5조

미국 의회는 상하 양원 의원의 3분의 2가 헌법개정이 필요하다고 생각할 때에는 언제니 이 헌법 개정을 발의 해야 하며, 혹은 3분의 2개 주의 주 입법부가 요청할 경우에는 개정을 발의하기 위한 헌법회의를 소집해야 한다. 어느 경우에도 헌법 개정은 4분의 3개 주 입법부에 의해 비준되거나 혹은 4분의 3개 주의 각 헌법회의에 의해 비준되면, 이 헌법의 일부로서 충분한 효력을 발생하며, 의회는 이 두 가지 비준 방법 중에서 한가지 방법을 제의 할 수 있다. 단, 1808년 이전에 이루어지는 개정은 어떠한 방식으로나 본 헌법 제1조 9항 1절 및 4절을 변경할 수 있다. 어느 주도 동의 없이 상원에서의 평등한 참정권을 박탈당하지 아니한다.

제6조

이 헌법이 채택되기 전에 계약된 모든 채무와 체결된 모든 계약은 이 헌법 하에서도 연합규약 하에서와 마찬가지로 미국에 대하여 그 효력을 갖는다.

이 헌법과 헌법을 이행하여 제정되는 법률 및 미국의 권한 하에 체결되었거나 앞으로 체결된 모든 조약은 이 나라의 최고 법규이다. 모든 주의 법관은 이 법규에 구속되며, 어떤 주의 헌법이나 법률에 이와 배치되는 규정이 있을 때도 마찬가지이다.

전술한 상하 양원의원, 각 주 입법부 의원, 미국 및 모든 주의 모든 행정관과 사법관은 선서나 확약에 의하여 이 헌법을 보전할 의무가 있다. 그러나 미국의 관직이나 신임에 의한 공직에 종교상의 자격은 요구되지 않는다.

제7조

이 헌법이 이를 비준하는 각 주간에 확정되기 위하여는 9개 주의 헌법회의의 비준이 있으면 족하다.

[부록]

미합중국 수정 헌법

(한글 발췌판)

제1조

미국 의회는 종교를 국교로 정하거나, 자유로운 예배를 금지하거나, 언론 또는 출판의 자유를 제한하거나, 인민이 평화롭게 집회할 수 있는 권리와 불만사항의 시정을 위해 정부에게 진정하는 권리를 제한하는 것에 대한 법률을 제정해서는 안 된다.

제2조

통제가 잘된 국민군은 자유로운 주의 안보에 필요하기 때문에, 무기를 소장하고 소지하는 인민의 권리가 침해되어서는 안 된다.

제3조

평시에 군대는 어떠한 주택에도 그 소유자의 승인을 받지 아니하고는 숙영(□□)할 수 없다. 전시라 할지라도 법률로서 정하는 방법에 의지하지 않고는 이와 같은 숙영을 할 수 없다.

제4조

부당한 수색 및 압수로부터 신체, 가택, 서류 및 재산의 안전을 보장 받는 인민의 권리를 침해해서는 안 된다. 또한 체포 및 압수 영장은 정당한 이유가 있고, 선서 또는 확약에 의하여 뒷받침되고, 특히 수색할 장소와 체포될 자나 압수할 물품을 기재하지 않고는 이를 발급해서는 안 된다.

제5조

누구든지 대배심에 의한 고발 또는 기소가 있지 아니하면 사형에 해당하는 죄나 파렴치죄에 관하여 심리를 받지 않는다. 단, 육군이나 해군에서, 또는 전시나 사면을 당하여, 복무 중에 있는 주 국민군에서 발생한 사건에 관하여서는 예외다. 누구든지 동일한 범행으로 두 번씩 생명이나 신체에 대한 위협을 받지 않으며, 어떠한 형사 사건에 있어서도 자기에게 불리한 증언을 강요당하지 아니하며, 누구든지 정당한 법의 절차에 의거하지 않고서는 생명, 자유 또는 재산을 박탈당하지 아니한다. 어떠한 사유재산도 정당한 보상을 받지 않고 공공용으로 수용되지 않는다.

제6조

모든 형사 소추에 있어서 피고인은 범죄가 행하여진 주와 지구(이 지구는 법률에 의하여 미리 지정한다.)의 공정한 배심에 의한 신속한 공개 재판을 받고 또 사건의 성격과 이유에 관한 통고를 받을 권리가 있으며, 자기에게 불리한 증인과 대질 받을 권리가 있으며, 또한 자기에게 유리한 증언을 얻기 위하여 강제적인 수속을 하고 자신의 변호를 위해 변호인의 도움을 받을 권리가 있다.

제7조

보통법 상의 소송에 있어서 소송에 걸려 있는 가격이 20달러를 초과하는 경우에는 배심에 의한 심리를 받을 권리가 보호된다. 배심에 의하여 심리를 받은 사실은 보통법의 규정에 의하지 않고서는 미국의 어떠한 법원에서도 재심을 받지 않는다.

제8조

과다한 보석금을 요구하거나, 과다한 벌금에 처하거나, 또한 잔혹하고 이례적인 징벌을 가할 수 없다.

제9조

이 헌법에 측정권리가 열거되는 것은 인민이 향유하는 그 밖의 여러 권리가 부인되거나 경시되는 것으로 해석해서는 안 된다.

제10조

이 헌법에 의하여 미국에 위임되지 않고 각 주에 금지되지 아니한 여러 권리는 각 주나 인민에게 유지된다.

제13조 (1865년)

제1항: 노예 또는 강제적 노역은 당사자가 정당하게 유죄 판결을 받은 범죄에 대한 처벌이 아니면 합중국 또는 그 관할에 속하는 어떠한 장소에도 존재할 수 없다.

제14조 (1868년)

제1항: 합중국에서 출생하고 또는 귀화하고 합중국의 지배권에 복종하는 모든 사람은 합중국 및 거주하는 주의 시민이다. 어떠한 주도 합중국시민의 특권과 면책권을 박탈하는 법률을 제정하거나 강행할 수 없다. 어떠한 주도 적법 절차에 의하지 아니하

고는 어떠한 사람으로부터도 생명, 자유 또는 재산을 박탈할 수 없으며, 그 지배권내에 있는 어떠한 사람에 대하여도 법률에 의한 평등한 보호를 거부하지 못한다.

제2항: 하원의원은 각 주의 인구수에 비례하여 각 주에 할당된다. 각 주의 인구수는 과세되지 아니하는 원주민을 제외한 각 주의 총 인구수이다. 단, 합중국 대통령과 부통령의 선거인, 합중국 의회의 하원의원, 각 주의 행정관, 사법관 또는 각 주 입법부의 의원을 선출하는 어떠한 선거에서도, 반란이나 기타 범죄에 가담한 경우를 제외하고, 21세이며 미국 시민인 당해 주의 남자 주민 중 어느 누구도 투표권이 거부되거나 어떠한 방법으로든지 제한되는 때에는 그 주의 하원의원 할당수의 기준은 그러한 남자시민의 수가 그 주의 만 21세에 달한 남자시민의 총수에 대하여 가지는 비율에 따라 감소된다.

제3항: 과거에 합중국 의회의 의원, 합중국의 관리, 주입법부의 의원, 주행정관, 또는 사법관으로서 합중국 헌법을 옹호할 것을 선서한 자가 후에 이에 대한 폭동 또는 반란에 가담하거나 적에게 원조나 지지를 제공한 자는 누구든지 합중국 의회의 상원 또는 하원의원, 대통령과 부통령의 선거인, 합중국 또는 각 주 밑에서 문무의 관직에 취임할 수 없다. 단, 합중국 의회는 각 원(院)의 3분의 2의 투표로서 그 실격을 해제할 수 있다.

제15조 (1870년)

제1항: 합중국 시민의 투표권은 인종, 피부색 또는 과거의 복종상태에 의하여 합중국 또는 어떤 주도 거부하거나 제한하지 못한다.

제26조

제1항: 18세 이상의 미국시민의 투표권은 미국 연방 정부나 어느 주에 의해서도 연령 때문에 거부되거나 제한되지 아니한다.

제2항: 의회는 이 조항을 적절한 입법으로 시행할 권한을 갖는다.

[부록]

1997 UNIFORM PARTNERSHIP ACT

(영문 발췌판)

[ARTICLE] 1 GENERAL PROVISIONS

SECTION 101. DEFINITIONS.

In this [Act]:

(1) "Business" includes every trade, occupation, and profession.

(2) "Debtor in bankruptcy" means a person who is the subject of:

(i) an order for relief under Title 11 of the United States Code or a comparable order under a successor statute of general application; or

(ii) a comparable order under federal, state, or foreign law governing insolvency.

(3) "Distribution" means a transfer of money or other property from a partnership to a partner in the partner's capacity as a partner or to the partner's transferee.

(4) "Foreign limited liability partnership" means a partnership that: (i) is formed under laws other than the laws of this State; and (ii) has the status of a limited liability partnership under those laws.

(5) "Limited liability partnership" means a partnership that has filed a statement of qualification under Section 1001 and does not have a similar statement in effect in any other jurisdiction.

(6) "Partnership" means an association of two or more persons to carry on as co-owners a business for profit formed under Section 202, predecessor law, or comparable law of another jurisdiction.

(7) "Partnership agreement" means the agreement, whether written, oral, or implied, among the partners concerning the partnership, including amendments to the partnership agreement.

(8) "Partnership at will" means a partnership in which the partners have not agreed to remain partners until the expiration of a definite term or the completion of a particular undertaking.

(9) "Partnership interest" or "partner's interest in the partnership" means all of a partner's interests in the partnership, including the partner's transferable interest and all management and other rights.

(10) "Person" means an individual, corporation, business trust, estate, trust, partnership, association, joint venture, government, governmental subdivision, agency, or instrumentality, or any other legal or commercial entity.

(11) "Property" means all property, real, personal, or mixed, tangible or intangible, or any interest therein.

(12) "State" means a State of the United States, the District of Columbia, the Commonwealth of Puerto Rico, or any territory or insular possession subject to the jurisdiction of the United States.

(13) "Statement" means a statement of partnership authority under Section 303, a statement of denial under Section 304, a statement of dissociation under Section 704, a statement of dissolution under Section 805, a statement of merger under Section 907, a statement of qualification under Section 1001, a statement of foreign qualification under Section 1102, or an amendment or cancellation of any of the foregoing.

(14) "Transfer" includes an assignment, conveyance, lease, mortgage, deed, and encumbrance.

SECTION 103. EFFECT OF PARTNERSHIP AGREEMENT; NONWAIVABLE PROVISIONS.

(a) Except as otherwise provided in subsection (b), relations among the partners and between the partners and the partnership are governed by the partnership agreement. To the extent the partnership agreement does not otherwise provide, this [Act] governs relations among the partners and between the partners and the partnership.

(b) The partnership agreement may not:

(1) vary the rights and duties under Section 105 except to eliminate the duty to provide copies of statements to all of the partners;

(2) unreasonably restrict the right of access to books and records under Section 403(b);

(3) eliminate the duty of loyalty under Section 404(b) or 603(b)(3), but:

(i) the partnership agreement may identify specific types or categories of activities that do not violate the duty of loyalty, if not manifestly unreasonable; or

(ii) all of the partners or a number or percentage specified in the partnership agreement may authorize or ratify, after full disclosure of all material facts, a specific act or transaction that otherwise would violate the duty of loyalty;

(4) unreasonably reduce the duty of care under Section 404(c) or 603(b)(3);

(5) eliminate the obligation of good faith and fair dealing under Section 404(d), but the partnership agreement may prescribe the standards by which the performance of the obligation is to be measured, if the standards are not manifestly unreasonable;

(6) vary the power to dissociate as a partner under Section 602(a), except to require the notice under Section 601(1) to be in writing;

(7) vary the right of a court to expel a partner in the events specified in Section 601(5);

(8) vary the requirement to wind up the partnership business in cases specified in Section 801(4), (5), or (6);

(9) vary the law applicable to a limited liability partnership under Section 106(b); or

(10) restrict rights of third parties under this [Act].

SECTION 104. SUPPLEMENTAL PRINCIPLES OF LAW.

(a) Unless displaced by particular provisions of this [Act], the principles of law and equity supplement this [Act].

(b) If an obligation to pay interest arises under this [Act] and the rate is not specified, the rate is that specified in [applicable statute].

SECTION 105. EXECUTION, FILING, AND RECORDING OF STATEMENTS.

(a) A statement may be filed in the office of [the Secretary of State]. A certified copy of a statement that is filed in an office in another State may be filed in the office of [the Secretary of State]. Either filing has the effect provided in this [Act] with respect to partnership property located in or transactions that occur in this State.

(b) A certified copy of a statement that has been filed in the office of the [Secretary of State] and recorded in the office for recording transfers of real property has the effect provided for recorded statements in this [Act]. A recorded statement that is not a certified copy of a statement filed in the office of the [Secretary of State] does not have the effect provided for recorded statements in this [Act].

(c) A statement filed by a partnership must be executed by at least two partners. Other statements must be executed by a partner or other person authorized by this [Act]. An individual who executes a statement as, or on behalf of, a partner or other person named as a partner in a statement shall personally declare under penalty of perjury that the contents of the statement are accurate.

(d) A person authorized by this [Act] to file a statement may amend or cancel the statement by filing an amendment or cancellation that names the partnership, identifies the statement, and states the substance of the amendment or cancellation.

(e) A person who files a statement pursuant to this section shall promptly send a copy of the statement to every nonfiling partner and to any other person named as a partner in the statement. Failure to send a copy of a statement to a partner or other person does not limit the effectiveness of the statement as to a person not a partner.

(f) The [Secretary of State] may collect a fee for filing or providing a certified copy of a statement. The [officer responsible for recording transfers of real property] may collect a fee for recording a statement.

SECTION 106. GOVERNING LAW.

(a) Except as otherwise provided in subsection (b), the law of the jurisdiction in which a partnership has its chief executive office governs relations among the partners and between the partners and the partnership.

(b) The law of this State governs relations among the partners and between the partners and the partnership and the liability of partners for an obligation of a limited liability partnership.

[ARTICLE] 2 NATURE OF PARTNERSHIP

SECTION 201. PARTNERSHIP AS ENTITY.

(a) A partnership is an entity distinct from its partners.

(b) A limited liability partnership continues to be the same entity that existed before the filing of a statement of qualification under Section 1001.

SECTION 202. FORMATION OF PARTNERSHIP.

(a) Except as otherwise provided in subsection (b), the association of two or more persons to carry on as co-owners a business for profit forms a partnership, whether or not the persons intend to form a partnership.

(b) An association formed under a statute other than this [Act], a predecessor statute, or a comparable statute of another jurisdiction is not a partnership under this [Act].

(c) In determining whether a partnership is formed, the following rules apply:

(1) Joint tenancy, tenancy in common, tenancy by the entireties, joint property, common property, or part ownership does not by itself establish a partnership, even if the co-owners share profits made by the use of the property.

(2) The sharing of gross returns does not by itself establish a partnership, even if the persons sharing them have a joint or common right or interest in property from which the returns are derived.

(3) A person who receives a share of the profits of a business is presumed to be a partner in the business, unless the profits were received in payment:

(i) of a debt by installments or otherwise;

(ii) for services as an independent contractor or of wages or other compensation to an employee;

(iii) of rent;

(iv) of an annuity or other retirement or health benefit to a beneficiary, representative, or designee of a deceased or retired partner;

(v) of interest or other charge on a loan, even if the amount of payment varies with the profits of the business, including a direct or indirect present or future ownership of the collateral, or rights to income, proceeds, or increase in value derived from the collateral; or

(vi) for the sale of the goodwill of a business or other property by installments or otherwise.

SECTION 203. PARTNERSHIP PROPERTY.

Property acquired by a partnership is property of the partnership and not of the partners individually.

[ARTICLE] 3 RELATIONS OF PARTNERS TO PERSONS DEALING WITH PARTNERSHIP

SECTION 301. PARTNER AGENT OF PARTNERSHIP.

Subject to the effect of a statement of partnership authority under Section 303:

(1) Each partner is an agent of the partnership for the purpose of its business. An act of a partner, including the execution of an instrument in the partnership name, for apparently carrying on in the ordinary course the partnership business or business of the kind carried on by the partnership binds the partnership, unless the partner had no authority to act for the partnership in the particular matter and the person with whom the partner was dealing knew or had received a notification that the partner lacked authority.

(2) An act of a partner which is not apparently for carrying on in the ordinary course the partnership business or business of the kind carried on by the partnership binds the partnership only if the act was authorized by the other partners.

SECTION 302. TRANSFER OF PARTNERSHIP PROPERTY.

(a) Partnership property may be transferred as follows:

(1) Subject to the effect of a statement of partnership authority under Section 303, partnership property held in the name of the partnership may be transferred by an instrument of transfer executed by a partner in the partnership name.

(2) Partnership property held in the name of one or more partners with an indication in the instrument transferring the property to them of their capacity as partners or of the existence of a partnership, but without an indication of the name of the partnership, may be transferred by an instrument of transfer executed by the persons in whose name the property is held.

(3) Partnership property held in the name of one or more persons other than the partnership, without an indication in the instrument transferring the property to them of their capacity as partners or of the existence of a partnership, may be transferred by an instrument of transfer executed by the persons in whose name the property is held.

(b) A partnership may recover partnership property from a transferee only if it proves that execution of the instrument of initial transfer did not bind the partnership under Section 301 and:

(1) as to a subsequent transferee who gave value for property transferred under subsection (a)(1) and (2), proves that the subsequent transferee knew or had received a notification that the person who executed the instrument of initial transfer lacked authority to bind the partnership; or

(2) as to a transferee who gave value for property transferred under subsection (a)(3), proves that the transferee knew or had received a notification that the property was partnership property and that the person who executed the instrument of initial transfer lacked authority to bind the partnership.

(c) A partnership may not recover partnership property from a subsequent transferee if the partnership would not have been entitled to recover the property, under subsection (b), from any earlier transferee of the property.

(d) If a person holds all of the partners' interests in the partnership, all of the partnership property vests in that person. The person may execute a document in the name of the partnership to evidence vesting of the property in that person and may file or record the document.

SECTION 305. PARTNERSHIP LIABLE FOR PARTNER'S ACTIONABLE CONDUCT.

(a) A partnership is liable for loss or injury caused to a person, or for a penalty incurred, as a result of a wrongful act or omission, or other actionable conduct, of a partner acting in the ordinary course of business of the partnership or with authority of the partnership.

(b) If, in the course of the partnership's business or while acting with authority of the partnership, a partner receives or causes the partnership to receive money or property of a person not a partner, and the money or property is misapplied by a partner, the partnership is liable for the loss.

SECTION 306. PARTNER'S LIABILITY.

(a) Except as otherwise provided in subsections (b) and (c), all partners are liable jointly and severally for all obligations of the partnership unless otherwise agreed by the claimant or provided by law.

(b) A person admitted as a partner into an existing partnership is not personally liable for any partnership obligation incurred before the person's admission as a partner.

(c) An obligation of a partnership incurred while the

partnership is a limited liability partnership, whether arising in contract, tort, or otherwise, is solely the obligation of the partnership. A partner is not personally liable, directly or indirectly, by way of contribution or otherwise, for such an obligation solely by reason of being or so acting as a partner. This subsection applies notwithstanding anything inconsistent in the partnership agreement that existed immediately before the vote required to become a limited liability partnership under Section 1001(b).

SECTION 307. ACTIONS BY AND AGAINST PARTNERSHIP AND PARTNERS.

(a) A partnership may sue and be sued in the name of the partnership.

(b) An action may be brought against the partnership and, to the extent not inconsistent with Section 306, any or all of the partners in the same action or in separate actions.

(c) A judgment against a partnership is not by itself a judgment against a partner. A judgment against a partnership may not be satisfied from a partner's assets unless there is also a judgment against the partner.

(d) A judgment creditor of a partner may not levy execution

against the assets of the partner to satisfy a judgment based on a claim against the partnership unless the partner is personally liable for the claim under Section 306 and:

(1) a judgment based on the same claim has been obtained against the partnership and a writ of execution on the judgment has been returned unsatisfied in whole or in part;

(2) the partnership is a debtor in bankruptcy;

(3) the partner has agreed that the creditor need not exhaust partnership assets;

(4) a court grants permission to the judgment creditor to levy execution against the assets of a partner based on a finding that partnership assets subject to execution are clearly insufficient to satisfy the judgment, that exhaustion of partnership assets is excessively burdensome, or that the grant of permission is an appropriate exercise of the court's equitable powers; or

(5) liability is imposed on the partner by law or contract independent of the existence of the partnership.

(e) This section applies to any partnership liability or obligation resulting from a representation by a partner or purported partner under Section 308.

SECTION 308. LIABILITY OF PURPORTED PARTNER.

(a) If a person, by words or conduct, purports to be a partner, or consents to being represented by another as a partner, in a partnership or with one or more persons not partners, the purported partner is liable to a person to whom the representation is made, if that person, relying on the representation, enters into a transaction with the actual or purported partnership. If the representation, either by the purported partner or by a person with the purported partner' s consent, is made in a public manner, the purported partner is liable to a person who relies upon the purported partnership even if the purported partner is not aware of being held out as a partner to the claimant. If partnership liability results, the purported partner is liable with respect to that liability as if the purported partner were a partner. If no partnership liability results, the purported partner is liable with respect to that liability jointly and severally with any other person consenting to the representation.

(b) If a person is thus represented to be a partner in an existing partnership, or with one or more persons not partners, the purported partner is an agent of persons consenting to the representation to bind them to the same extent and in the same manner as if the purported partner were a partner, with respect to persons who enter into transactions in reliance upon the representation. If all of the partners of the existing partnership consent to the representation, a partnership act or obligation results. If fewer than all of the partners of the existing partnership consent to the representation, the person acting and the partners consenting to the representation are jointly and severally liable.

(c) A person is not liable as a partner merely because the person is named by another in a statement of partnership authority.

(d) A person does not continue to be liable as a partner merely because of a failure to file a statement of dissociation or to amend a statement of partnership authority to indicate the partner's dissociation from the partnership.

(e) Except as otherwise provided in subsections (a) and (b), persons who are not partners as to each other are not liable as partners to other persons.

[ARTICLE] 4 RELATIONS OF PARTNERS TO EACH OTHER AND TO PARTNERSHIP

SECTION 401. PARTNER'S RIGHTS AND DUTIES.

(a) Each partner is deemed to have an account that is:

(1) credited with an amount equal to the money plus the value of any other property, net of the amount of any liabilities, the partner contributes to the partnership and the partner's share of the partnership profits; and

(2) charged with an amount equal to the money plus the value of any other property, net of the amount of any liabilities, distributed by the partnership to the partner and the partner's share of the partnership losses.

(b) Each partner is entitled to an equal share of the partnership profits and is chargeable with a share of the partnership losses in proportion to the partner's share of the profits.

(c) A partnership shall reimburse a partner for payments made and indemnify a partner for liabilities incurred by the partner in the ordinary course of the business of the partnership or for the preservation of its business or property.

(d) A partnership shall reimburse a partner for an advance to the partnership beyond the amount of capital the partner agreed to contribute.

(e) A payment or advance made by a partner which gives rise to a partnership obligation under subsection (c) or (d) constitutes a loan to the partnership which accrues interest from the date of the payment or advance.

(f) Each partner has equal rights in the management and conduct of the partnership business.

(g) A partner may use or possess partnership property only on behalf of the partnership.

(h) A partner is not entitled to remuneration for services performed for the partnership, except for reasonable compensation for services rendered in winding up the business of the partnership.

(i) A person may become a partner only with the consent of all of the partners.

(j) A difference arising as to a matter in the ordinary course of business of a partnership may be decided by a majority of the partners. An act outside the ordinary course of business of a partnership and an amendment to the partnership agreement may be undertaken only with the consent of all of the partners.

(k) This section does not affect the obligations of a partnership to other persons under Section 301.

SECTION 402. DISTRIBUTIONS IN KIND.

A partner has no right to receive, and may not be required to accept, a distribution in kind.

SECTION 404. GENERAL STANDARDS OF PARTNER'S CONDUCT.

(a) The only fiduciary duties a partner owes to the partnership and the other partners are the duty of loyalty and the duty of care set forth in subsections (b) and (c).

(b) A partner's duty of loyalty to the partnership and the other partners is limited to the following:

(1) to account to the partnership and hold as trustee for it any property, profit, or benefit derived by the partner in the conduct and winding up of the partnership business or derived from a use by the partner of partnership property, including the appropriation of a partnership opportunity;

(2) to refrain from dealing with the partnership in the conduct or winding up of the partnership business as or on behalf of a party having an interest adverse to the partnership; and

(3) to refrain from competing with the partnership in the conduct of the partnership business before the dissolution of

the partnership.

(c) A partner's duty of care to the partnership and the other partners in the conduct and winding up of the partnership business is limited to refraining from engaging in grossly negligent or reckless conduct, intentional misconduct, or a knowing violation of law.

(d) A partner shall discharge the duties to the partnership and the other partners under this [Act] or under the partnership agreement and exercise any rights consistently with the obligation of good faith and fair dealing.

(e) A partner does not violate a duty or obligation under this [Act] or under the partnership agreement merely because the partner's conduct furthers the partner's own interest.

(f) A partner may lend money to and transact other business with the partnership, and as to each loan or transaction the rights and obligations of the partner are the same as those of a person who is not a partner, subject to other applicable law.

(g) This section applies to a person winding up the partnership business as the personal or legal representative of the last surviving partner as if the person were a partner.

SECTION 405. ACTIONS BY PARTNERSHIP AND PARTNERS.

(a) A partnership may maintain an action against a partner for a breach of the partnership agreement, or for the violation of a duty to the partnership, causing harm to the partnership.

(b) A partner may maintain an action against the partnership or another partner for legal or equitable relief, with or without an accounting as to partnership business, to:

(1) enforce the partner's rights under the partnership agreement;

(2) enforce the partner's rights under this [Act], including:

(i) the partner's rights under Sections 401, 403, or 404;

(ii) the partner's right on dissociation to have the partner's interest in the partnership purchased pursuant to Section 701 or enforce any other right under [Article] 6 or 7; or

(iii) the partner's right to compel a dissolution and winding up of the partnership business under Section 801 or enforce any other right under [Article] 8; or

(3) enforce the rights and otherwise protect the interests of the partner, including rights and interests arising independently of the partnership relationship.

(c) The accrual of, and any time limitation on, a right of action for a remedy under this section is governed by other law. A right to an accounting upon a dissolution and winding up does not revive a claim barred by law.

[ARTICLE] 5 TRANSFEREES AND CREDITORS OF PARTNER

SECTION 501. PARTNER NOT CO-OWNER OF PARTNERSHIP PROPERTY.

A partner is not a co-owner of partnership property and has no interest in partnership property which can be transferred, either voluntarily or involuntarily.

SECTION 502. PARTNER'S TRANSFERABLE INTEREST IN PARTNERSHIP.

The only transferable interest of a partner in the partnership is the partner's share of the profits and losses of the partnership and the partner's right to receive distributions. The interest is personal property.

SECTION 503. TRANSFER OF PARTNER'S TRANSFERABLE INTEREST.

(a) A transfer, in whole or in part, of a partner's transferable interest in the partnership:

(1) is permissible;

(2) does not by itself cause the partner's dissociation or a dissolution and winding up of the partnership business; and (3) does not, as against the other partners or the partnership, entitle the transferee, during the continuance of the partnership, to participate in the management or conduct of the partnership business, to require access to information concerning partnership transactions, or to inspect or copy the partnership books or records.

(b) A transferee of a partner's transferable interest in the partnership has a right:

(1) to receive, in accordance with the transfer, distributions to which the transferor would otherwise be entitled;

(2) to receive upon the dissolution and winding up of the partnership business, in accordance with the transfer, the net amount otherwise distributable to the transferor; and

(3) to seek under Section 801(6) a judicial determination that it is equitable to wind up the partnership business.

(c) In a dissolution and winding up, a transferee is entitled to an account of partnership transactions only from the date of the latest account agreed to by all of the partners.

(d) Upon transfer, the transferor retains the rights and duties of a partner other than the interest in distributions transferred.

(e) A partnership need not give effect to a transferee's rights under this section until it has notice of the transfer.

(f) A transfer of a partner's transferable interest in the partnership in violation of a restriction on transfer contained in the partnership agreement is ineffective as to a person having notice of the restriction at the time of transfer.

[ARTICLE] 6 PARTNER'S DISSOCIATION

SECTION 601. EVENTS CAUSING PARTNER'S DISSOCIATION. A partner is dissociated from a partnership upon the occurrence of any of the following events:

(1) the partnership's having notice of the partner's express will to withdraw as a partner or on a later date specified by the partner;

(2) an event agreed to in the partnership agreement as causing the partner's dissociation;

(3) the partner's expulsion pursuant to the partnership agreement;

(4) the partner's expulsion by the unanimous vote of the other partners if:

(i) it is unlawful to carry on the partnership business with that partner;

(ii) there has been a transfer of all or substantially all of that partner's transferable interest in the partnership, other than a transfer for security purposes, or a court order charging the partner's interest, which has not been foreclosed;

(iii) within 90 days after the partnership notifies a corporate partner that it will be expelled because it has filed a certificate of dissolution or the equivalent, its charter has been revoked, or its right to conduct business has been suspended by the jurisdiction of its incorporation, there is no revocation of the certificate of dissolution or no reinstatement of its charter or its right to conduct business; or

(iv) a partnership that is a partner has been dissolved and its business is being wound up;

(5) on application by the partnership or another partner, the partner's expulsion by judicial determination because:

(i) the partner engaged in wrongful conduct that adversely and materially affected the partnership business;

(ii) the partner willfully or persistently committed a material breach of the partnership agreement or of a duty owed to the partnership or the other partners under Section 404; or

(iii) the partner engaged in conduct relating to the partnership business which makes it not reasonably practicable to carry on the business in partnership with the partner;

(6) the partner's:

(i) becoming a debtor in bankruptcy;

(ii) executing an assignment for the benefit of creditors;

(iii) seeking, consenting to, or acquiescing in the appointment of a trustee, receiver, or liquidator of that partner or of all or substantially all of that partner's property; or

(iv) failing, within 90 days after the appointment, to have vacated or stayed the appointment of a trustee, receiver, or liquidator of the partner or of all or substantially all of the partner's property obtained without the partner's consent or acquiescence, or failing within 90 days after the expiration of a stay to have the appointment vacated;

(7) in the case of a partner who is an individual:

(i) the partner's death;

(ii) the appointment of a guardian or general conservator for the partner; or

(iii) a judicial determination that the partner has otherwise become incapable of performing the partner's duties under the partnership agreement;

(8) in the case of a partner that is a trust or is acting as a partner by virtue of being a trustee of a trust, distribution of the trust's entire transferable interest in the partnership, but not merely by reason of the substitution of a successor trustee;

(9) in the case of a partner that is an estate or is acting as a partner by virtue of being a personal representative of an estate, distribution of the estate's entire transferable interest in the partnership, but not merely by reason of the substitution of a successor personal representative; or

(10) termination of a partner who is not an individual, partnership, corporation, trust, or estate.

SECTION 602. PARTNER'S POWER TO DISSOCIATE; WRONGFUL DISSOCIATION.

(a) A partner has the power to dissociate at any time, rightfully or wrongfully, by express will pursuant to Section 601(1).

(b) A partner's dissociation is wrongful only if:

(1) it is in breach of an express provision of the partnership agreement; or

(2) in the case of a partnership for a definite term or particular undertaking, before the expiration of the term or the completion of the undertaking:

(i) the partner withdraws by express will, unless the withdrawal follows within 90 days after another partner's dissociation by death or otherwise under Section 601(6) through (10) or wrongful dissociation under this subsection;

(ii) the partner is expelled by judicial determination under Section 601(5);

(iii) the partner is dissociated by becoming a debtor in bankruptcy; or

(iv) in the case of a partner who is not an individual, trust other than a business trust, or estate, the partner is expelled or otherwise dissociated because it willfully dissolved or terminated.

(c) A partner who wrongfully dissociates is liable to the

partnership and to the other partners for damages caused by the dissociation. The liability is in addition to any other obligation of the partner to the partnership or to the other partners.

SECTION 603. EFFECT OF PARTNER'S DISSOCIATION.

(a) If a partner's dissociation results in a dissolution and winding up of the partnership business, [Article] 8 applies; otherwise, [Article] 7 applies.

(b) Upon a partner's dissociation:

(1) the partner's right to participate in the management and conduct of the partnership business terminates, except as otherwise provided in Section 803;

(2) the partner's duty of loyalty under Section 404(b)(3) terminates; and

(3) the partner's duty of loyalty under Section 404(b)(1) and (2) and duty of care under Section 404(c) continue only with regard to matters arising and events occurring before the partner's dissociation, unless the partner participates in winding up the partnership's business pursuant to Section 803.

[ARTICLE] 8 WINDING UP PARTNERSHIP BUSINESS

SECTION 801. EVENTS CAUSING DISSOLUTION AND WINDING UP OF PARTNERSHIP BUSINESS.

A partnership is dissolved, and its business must be wound up, only upon the occurrence of any of the following events:

(1) in a partnership at will, the partnership's having notice from a partner, other than a partner who is dissociated under Section 601(2) through (10), of that partner's express will to withdraw as a partner, or on a later date specified by the partner;

(2) in a partnership for a definite term or particular undertaking:

(i) within 90 days after a partner's dissociation by death or otherwise under Section 601(6) through (10) or wrongful dissociation under Section 602(b), the express will of at least half of the remaining partners to wind up the partnership business, for which purpose a partner's rightful dissociation pursuant to Section 602(b)(2)(i) constitutes the expression of that partner's will to wind up the partnership business;

(ii) the express will of all of the partners to wind up the partnership business; or

(iii) the expiration of the term or the completion of the undertaking;

(3) an event agreed to in the partnership agreement resulting in the winding up of the partnership business;

(4) an event that makes it unlawful for all or substantially all of the business of the partnership to be continued, but a cure of illegality within 90 days after notice to the partnership of the event is effective retroactively to the date of the event for purposes of this section;

(5) on application by a partner, a judicial determination that:

(i) the economic purpose of the partnership is likely to be unreasonably frustrated;

(ii) another partner has engaged in conduct relating to the partnership business which makes it not reasonably practicable to carry on the business in partnership with that partner; or

(iii) it is not otherwise reasonably practicable to carry on the partnership business in conformity with the partnership agreement; or

(6) on application by a transferee of a partner's transferable interest, a judicial determination that it is equitable to wind up the partnership business:

(i) after the expiration of the term or completion of the undertaking, if the partnership was for a definite term or particular undertaking at the time of the transfer or entry of the charging order that gave rise to the transfer; or

(ii) at any time, if the partnership was a partnership at will at the time of the transfer or entry of the charging order that gave rise to the transfer.

SECTION 802. PARTNERSHIP CONTINUES AFTER DISSOLUTION.

(a) Subject to subsection (b), a partnership continues after dissolution only for the purpose of winding up its business. The partnership is terminated when the winding up of its business is completed.

(b) At any time after the dissolution of a partnership and before the winding up of its business is completed, all of the partners, including any dissociating partner other than a wrongfully dissociating partner, may waive the right to have the partnership's business wound up and the partnership terminated. In that event:

(1) the partnership resumes carrying on its business as if dissolution had never occurred, and any liability incurred by

the partnership or a partner after the dissolution and before the waiver is determined as if dissolution had never occurred; and

(2) the rights of a third party accruing under Section 804(1) or arising out of conduct in reliance on the dissolution before the third party knew or received a notification of the waiver may not be adversely affected.

SECTION 803. RIGHT TO WIND UP PARTNERSHIP BUSINESS.

(a) After dissolution, a partner who has not wrongfully dissociated may participate in winding up the partnership's business, but on application of any partner, partner's legal representative, or transferee, the [designate the appropriate court], for good cause shown, may order judicial supervision of the winding up.

(b) The legal representative of the last surviving partner may wind up a partnership's business.

(c) A person winding up a partnership's business may preserve the partnership business or property as a going concern for a reasonable time, prosecute and defend actions and proceedings, whether civil, criminal, or administrative, settle and close the partnership's business, dispose of and transfer the partnership's property, discharge the partnership's liabilities, distribute the assets of the partnership pursuant to Section 807, settle disputes by mediation or arbitration, and perform other necessary acts.

SECTION 804. PARTNER'S POWER TO BIND PARTNERSHIP AFTER DISSOLUTION.

Subject to Section 805, a partnership is bound by a partner's act after dissolution that:

(1) is appropriate for winding up the partnership business; or

(2) would have bound the partnership under Section 301 before dissolution, if the other party to the transaction did not have notice of the dissolution.

SECTION 806. PARTNER'S LIABILITY TO OTHER PARTNERS AFTER DISSOLUTION.

(a) Except as otherwise provided in subsection (b) and Section 306, after dissolution a partner is liable to the other partners for the partner's share of any partnership liability incurred under Section 804.

(b) A partner who, with knowledge of the dissolution, incurs a partnership liability under Section 804(2) by an act that is not appropriate for winding up the partnership business is liable to the partnership for any damage caused to the partnership arising from the liability.

SECTION 807. SETTLEMENT OF ACCOUNTS AND CONTRIBUTIONS AMONG PARTNERS.

(a) In winding up a partnership's business, the assets of the partnership, including the contributions of the partners required by this section, must be applied to discharge its obligations to creditors, including, to the extent permitted by law, partners who are creditors. Any surplus must be applied to pay in cash the net amount distributable to partners in accordance with their right to distributions under subsection (b).

(b) Each partner is entitled to a settlement of all partnership accounts upon winding up the partnership business. In settling accounts among the partners, profits and losses that result from the liquidation of the partnership assets must be credited and charged to the partners' accounts. The partnership shall make a distribution to a partner in an amount equal to any excess of the credits over the charges in the partner's account. A partner shall contribute to the partnership an amount equal to any excess of the charges over the credits in the partner's account but excluding from the calculation charges attributable to an obligation for which the partner is not personally liable under Section 306.

(c) If a partner fails to contribute the full amount required under subsection (b), all of the other partners shall contribute, in the proportions in which those partners share partnership losses, the additional amount necessary to satisfy the partnership obligations for which they are personally liable under Section 306. A partner or partner's legal representative may recover from the other partners any contributions the partner makes to the extent the amount contributed exceeds that partner's share of the partnership obligations for which the partner is personally liable under Section 306.

(d) After the settlement of accounts, each partner shall contribute, in the proportion in which the partner shares partnership losses, the amount necessary to satisfy partnership obligations that were not known at the time of the settlement and for which the partner is personally liable under Section 306.

(e) The estate of a deceased partner is liable for the partner's obligation to contribute to the partnership.

(f) An assignee for the benefit of creditors of a partnership or a partner, or a person appointed by a court to represent creditors of a partnership or a partner, may enforce a partner's obligation to contribute to the partnership.

[ARTICLE] 10 LIMITED LIABILITY PARTNERSHIP

SECTION 1001. STATEMENT OF QUALIFICATION.

(a) A partnership may become a limited liability partnership pursuant to this section.

(b) The terms and conditions on which a partnership becomes a limited liability partnership must be approved by the vote necessary to amend the partnership agreement except, in the case of a partnership agreement that expressly considers obligations to contribute to the partnership, the vote necessary to amend those provisions.

(c) After the approval required by subsection (b), a partnership may become a limited liability partnership by filing a statement of qualification. The statement must contain:

(1) the name of the partnership;

(2) the street address of the partnership's chief executive office and, if different, the street address of an office in this State, if any;

(3) if the partnership does not have an office in this State, the name and street address of the partnership's agent for service of process;

(4) a statement that the partnership elects to be a limited liability partnership; and

(5) a deferred effective date, if any.

(d) The agent of a limited liability partnership for service of process must be an individual who is a resident of this State or other person authorized to do business in this State.

(e) The status of a partnership as a limited liability partnership is effective on the later of the filing of the statement or a date specified in the statement. The status remains effective, regardless of changes in the partnership, until it is canceled pursuant to Section 105(d) or revoked pursuant to Section 1003.

(f) The status of a partnership as a limited liability partnership and the liability of its partners is not affected by errors or later changes in the information required to be contained in the statement of qualification under subsection (c).

(g) The filing of a statement of qualification establishes that a partnership has satisfied all conditions precedent to the qualification of the partnership as a limited liability partnership.

(h) An amendment or cancellation of a statement of qualification is effective when it is filed or on a deferred effective date specified in the amendment or cancellation.

SECTION 1002. NAME.

The name of a limited liability partnership must end with "Registered Limited Liability Partnership", "Limited Liability Partnership", "R.L.L.P.", "L.L.P.", "RLLP," or "LLP".

○